인공지능과 창의성

인공지능총서

인공지능 시대입니다. 기계가 인간의 인지를 대신하고, 사물이 인간을 통하지 않고 다른 사물과 직접 커뮤니케이션합니다. 이에 따른 인간 삶과 문명 변화를 정확히 이해·예측·대응하는 것은 이 시대 우리 모두의 과제입니다. 인공지능총서는 인공지능 기술과 환경의 여러 주제를 10가지 키워드로 정리합니다. 관련 개념과 이론, 학계와 산업계의 쟁점, 우리 일상의 변화를 다룹니다. 인간과 기술의 현재, 미래를 세심히 분석합니다.

일러두기

- 인명, 작품명, 저서명, 개념어 등은 한글과 함께 괄호 안에 해당 국가의 원어를 병기했습니다.
- 외래어 표기는 현행 어문규정의 외래어표기법을 따랐습니다.

처음이세요?

전문가세요?

인공지능과 창의성

김미경

대한민국, 서울, 커뮤니케이션북스, 2025

인공지능과 창의성

지은이 김미경
펴낸이 박영률

초판 1쇄 펴낸날 2025년 10월 22일

커뮤니케이션북스(주)
출판 등록 2007년 8월 17일 제313-2007-000166호
02880 서울시 성북구 성북로 5-11
전화(02) 7474 001, 팩스(02) 736 5047
commbooks@commbooks.com
www.commbooks.com

ISBN 979-11-430-1369-9 03500

책값은 뒤표지에 표시되어 있습니다.

차례

인공지능 시대, 인간 창의성의 새로운 여정

지난 20여 년간 미디어 커뮤니케이션과 방송 영상학 분야에서 연구와 교육을 이어오면서, 끊임없이 인간의 창의성과 새로운 기술의 만남을 주목해 왔다. 디지털 혁명과 인터넷, 스마트 미디어의 등장, 그리고 SNS를 중심으로 한 참여적 문화의 부상까지, 기술은 언제나 인간의 표현과 사고, 그리고 사회적 관계의 방식에 근본적인 변화를 일으켜 왔다. 그러나 지금 우리가 목도하는 변화는 그 어느 때보다도 근본적이고 심오하다. 바로 인공지능, 특히 생성형 AI의 등장 때문이다.

최근 AI와 정보 신뢰성, 인간 판단의 한계에 대해 연구하면서 '기계가 창의적 산출을 만들어 낼 수 있는 시대에 인간의 역할은 무엇인가?'라는 질문에 사로잡히게 되었다. 이제 AI는 단순한 계산 도구나 자동화 장치를 넘어, 인간과 함께 새로운 가치를 창출하는 협력적 주체로 자리매김하고 있다. 이는 인간 창의성의 의미와 범위를 다시 묻도록 만든다. AI가 산출한 결과물은 창의적인가? 그렇다면 그 창의성의 주체는 누구인가? 우리는 이러한 질문에 답하지 않고는 다가올 시대를 이해할 수 없다.

오늘날 우리는 AI가 인간의 삶과 일상 깊숙이 파고드는 전환기를 살고 있다. 예술, 콘텐츠 제작, 과학 연구, 경영 전략, 교육 현장 등 거의 모든 분야에서 AI는 창작과 판단의 파트너로 작동하고 있다. 글로벌 패션 업계에서는 AI가 디자이너와 협업해 새로운 의상을 구상하고 시뮬레이션하여 제작 기간을 단축하고, 소비자의 취향을 데이터 분석을 통해 반영하고 있다. 음악 산업에서는 하이브(HIBE)를 비롯한 K-팝 기획사들이 AI 작곡 도구를 활용해 사운드 실험을 하고, 글로벌 팬덤의 반응을 데이터화해 새로운 음악 스타일을 시도하고 있다. 드라마와 영화 산업에서는 AI가 시나리오의 대사 흐름을 분석하거나 새로운 스토리 아이디어를 생성하여 제작자들의 창의적 선택을 넓히고 있다. 의료 연구에서는 AI가 방대한 유전체 데이터에서 치료제 후보를 발굴하며, 한국의 제약사들도 임상실험 과정을 가속화하기 위해 AI 플랫폼을 적극적으로 도입하고 있다. 교육 현장에서도 AI 튜터가 학생 개개인의 학습 수준을 진단하고 맞춤형 학습 경로를 설계하면서, 교사는 학생들의 정서적 돌봄과 비판적 사고 훈련에 집중할 수 있게 되었다.

이렇듯 생성형 AI는 텍스트, 이미지, 음악, 영상 등 다종다양한 결과물을 즉각적으로 생산해 내며, 창작 과정의 효율성과 접근성을 혁신적으로 향상시키고 있다. 그러나 동시에 인간의 창의성과 직업적 정체성, 윤리적 판단과 문화적 가치들은 여전히 AI로 완전히 대체될 수 없다. 예를 들어, AI가 시를 쓴다고 해도, 그 안에 담긴 감정의 결은 인간이 겪어온 역사적 · 문화적 맥락과 개인적 체험 없이는 충분히 이해될 수 없다. 드라마 대본을 AI가 작성한다고 해도, 사회적 공감대를 불러일으키는 장치나 미묘한 정서적 울림은 인간 창작자가 책임져야 한다. K-콘텐츠의 글로벌 성공은 단순히 제작 효율이 아니라, 한국 사회가 축적해 온 정서적 공감 능력과 문화적 맥락에서 비롯된 것임을 우리는 알고 있다. AI는 그 과정을 보조하거나 확장할 수 있지만, 본질적 가치까지 대신할 수는 없다. 오히려 AI가 보여주는 무한한 가능성은 인간 창의성이 가지는 본질적 가치를 더 또렷하게 드러내고 있다.

기술의 진보는 우리에게 중요한 선택을 강요한다. AI가 제공하는 편리함과 속도를 무비판적으로 받아들일 것인가, 아니면 인간적 감성과 비판적 사고를 결합해 새로운 방향으로 이끌어 갈 것인가? 예술가, 과학자, 기업가, 교육자 등 각 분야의 창작자와 실천자들은 지금 이

질문 앞에 서 있다. 한국 사회 또한 예외가 아니다. 한국의 언론, 교육, 문화 산업은 이미 AI와 깊이 연결되어 있으며, 여기서 어떤 균형을 택하느냐에 따라 향후 창의성의 방향이 달라질 것이다. 바로 이러한 갈림길에서, 우리는 인간 창의성의 본질을 지켜내면서도 AI와의 협력 속에서 새로운 지평을 열어가야 한다.

이 책은 바로 이러한 맥락에서 기획되었다. 인공지능 시대의 창의성은 단순히 기술적 산출물이 아니라, 인간과 기계의 협력적 과정 속에서 탄생하는 새로운 형태의 가치 창출이다. AI는 증폭기(Amplifier)로서 인간의 사고와 표현을 확장하고, 공동 창작(Co-Creation)의 파트너로서 새로운 실험과 협업을 가능하게 한다. 동시에 AI가 무비판적으로 수용될 때 나타날 수 있는 편향과 오류, 그리고 사회적 · 문화적 위험 역시 간과할 수 없다. 따라서 이 책은 AI와 인간의 협력적 창의성을 균형 있게 바라보면서, 그 가능성과 한계를 함께 살펴보고자 한다.

이 책은 이러한 문제의식에서 출발하여, 인공지능과 창의성이 만나는 지점을 다층적으로 탐구한다. 전체 주제는 AI와 창의성의 만남, 인간과 AI의 협력, 윤리와 미래 등 크게 세 갈래로 나누어 정리하였다.

세 갈래 중 첫 갈래인 제1부는 AI와 창의성의 만남에 대해 고민했다. 이 부분은 AI가 인간 창의성을 위협하는지, 그렇지 않다면 인간의 창의성을 확장하는지에 대한 문제의식으로 출발하였다.

1장에서는 인공지능의 발전 과정을 간단히 돌아보고, 인간이 오랫동안 독점해 온 창의성의 개념을 새롭게 살펴보았다. 인간의 창의성이 단순한 '새로움'을 만드는 것이 아니라 문화와 맥락 속에서 의미를 만들어 내는 과정이라면, 인공지능의 창의성은 방대한 데이터를 바탕으로 한 '패턴의 재조합'이라 할 수 있다. 그 차이를 이해하는 것이 곧 인공지능 시대를 살아가는 지혜의 출발점이 된다. 그래서 인공지능이 인간의 창의성을 위협하는 존재가 아니라, 인간의 창의성을 확장하고 보완할 수 있는 동반자가 될 수 있음에 주목한다. 새로운 아이디어를 빠르게 제안하는 기계의 능력과 그 아이디어에 가치를 부여하는 인간의 능력이 결합할 때 우리는 더 큰 혁신을 만들어 낼 수 있기 때문이다. 하지만 무분별한 기술 의존이 가져올 수 있는 위험 또한 함께 짚어본다.

2장은 생성형 AI의 기본 구조와 작동 원리를 다룬다. 우리가 일상에서 접하는 ChatGPT나 미드저니, 스테이블 디퓨전 같은 도구들은 단순한 마법이 아니라, 방대한 데이터를 학습한 거대한 언어 모델과 이미지 생성 모델들이 뒷받침하고 있다. 트랜스포머 기반의 GPT, 생성적 적대 신경망(GAN), 변분 오토인코더(VAE)와 같은 구조들은 수많은 패턴을 학습해 새로운 텍스트와 이미지를 만들어 내며, 인간의 창작 방식을 모방하면서도 예기치 못한 새로운 결과물을 산출한다. 특히 이러한 AI의 가능성과 한계를 균형 있게 보여준다. GPT-4는 논문 요약에서 소설 쓰기까지 소화할 정도의 언어 능력을 갖췄고, 미드저니나 DALL · E는 텍스트 몇 줄로 정교한 이미지를 만들어 낸다. 음악 생성 모델 역시 클래식부터 재즈까지 자동 작곡이 가능해, 창작자에게는 새로운 영감의 원천이 되고 있다. 하지만 동시에 AI는 의미를 '이해'하지 못한 채 통계적 확률에 따라 결과를 생성하기 때문에 오류나 편향, 저작권 침해와 같은 문제를 야기할 위험도 크다. 제2장은 생성형 AI를 단순한 도구가 아니라 창작의 새로운 파트너로 간주하지만, 그 원리와 한계를 제대로 이해하는 것이 왜 중요한지 피력한다. AI는 인간을 대체하는 존재라기보다 인간의 창의성을 확장시키는 조력자로 활용될 때 가장 큰 잠재력을 발휘할 수 있다.

3장은 창의성의 핵심 구성 요소와 AI 시대의 증강 지능을 함께 탐색한다. 창의성을 설명하는 네 가지 축, 즉 유창성(다양한 아이디어를 풍부하게 떠올리는 힘), 융통성(익숙한 틀을 넘어서는 사고), 독창성(새롭고 차별화된 발상), 정교성(아이디어를 구체화하고 완성하는 능력)을 소개한다. 창의적 사고는 이 4요소가 균형 있게 맞물릴 때 비로소 발휘되며, 어느 한 가지만으로는 충분하지 않다. 인간과 인공지능의 협업 가능성을 조망할 때, AI가 그림을 그리거나 음악을 작곡하는 등 창의적 활동에 뛰어들고 있지만, 그 결과물에 의미와 가치를 부여하는 일은 여전히 인간의 몫임에 주목해야 한다. AI는 '대체자'가 아니라 '증강 지능(Augmented Intelligence)' 혹은 '하이브리드 지능'으로 이해된다. AI는 방대한 데이터를 분석해 새로운 패턴을 제안하고, 인간은 그 결과를 맥락 속에서 해석하며 최종 결정을 내리는 것이다. 이 협업은 인간이 직접 개입하는 HITL(Human-in-the-Loop), 인간이 감독하는 HOTL(Human-on-the-Loop), 인간의 감독 아래 완전한 자율(Fully Autonomous with Oversight; 자율적으로 작동하되 필요할 때 인간이 개입하는 구조까지 다양한 형태)을 갖는 방식으로 나타난다. 3장에서는 "창의성은 오직 인간만의 고유한 힘인가, 아니면 인간과 기계가 함께 확장해 나갈 수 있는 능력인가?"의 문제 제기를 하면서 AI 시대의 창의성은 대체가 아니라 협력과 확장의 과정 속에서 새롭게 정의되어야 한다는 사실을 보여준다.

제2부는 인간과 AI의 협력에 대해서다. 창작 실천의 변화와 협업 구조의 진화에 초점을 맞추어, 인간과 AI가 어떻게 새로운 창의성 생태계를 만들어 가는지를 보여준다.

4장에서는 AI가 만들어 내는 예술, 즉 생성형 AI 예술과 전통 예술의 차이와 특징을 살펴본다. AI는 방대한 데이터를 학습해 새로운 이미지, 음악, 영상 등을 자동으로 만들어 낼 수 있으며, 이를 통해 낮은 비용과 대규모 생산이 가능해 예술 접근성을 높이고 창작 과정의 효율을 극대화한다. 또한 인간이 시도하지 않았던 새로운 스타일과 기법을 탐구할 수 있게 해, 예술의 지평을 넓히는 잠재력을 보여준다. 하지만 동시에 AI 예술은 몇 가지 중요한 한계와 도전을 안고 있다. 인간적 감성과 경험이 담기지 않아 작품에 깊이가 부족할 수 있고, 완전히 새로운 독창적 창작을 만들어 내는 데는 한계가 있다. 또한 AI 예술의 확산은 인간 예술가의 수요를 줄이고, 산업과 지역 사회에 경제적 · 사회적 영향을 미칠 가능성도 있다. AI 예술이 단순한 기술적 산출물에 그치지 않고 진정한 문화적 가치로 자리 잡기 위해서는 인간 중심의 해석과 성찰, 윤리적 · 법적 논의가 함께 이루어져야 한다. AI와 인간이 협력할 때, 예술은 새로운 형태와 표현을 통해 진화하며, 창작의 지평을 확장할 수 있다.

5장에서는 인간과 AI 에이전트의 협업을 중심으로, 창의성이 어떤 새로운 차원으로 확장되는지를 탐색한다. 단순한 보조 도구를 넘어, 스스로 목표를 설정하고 환경과 상호작용할 수 있는 에이전틱 AI(Agentic AI)는 이제 창작의 파트너로 등장하고 있다. 영화와 음악, 게임, 광고, 시각 예술 등 다양한 분야에서 AI 에이전트는 아이디어 발상, 개인화된 경험 설계, 실험적 형식 개발, 반복적 테스트와 최적화까지 함께 수행하며 인간의 창의적 역량을 보완한다. 특히 영화에서는 시나리오 분석과 흥행 가능성 예측, 음악에서는 즉각적인 편곡과 변주, 게임에서는 플레이어 맞춤형 스토리 전개, 디자인에서는 콘셉트 이미지의 자동 제안, 광고와 저널리즘에서는 데이터 기반 카피라이팅(copywriting)과 기사 초안 작성 등 창의 산업 전반에서 새로운 협업 모델을 제시하고 있다. 5장은 AI와 인간이 함께 만드는 창의성의 새로운 풍경을 보여주며, 동시에 저작권 · 윤리 · 비평적 평가와 같은 보완 과제가 병행되어야 함을 강조한다. 인간의 직관과 맥락 해석 능력, AI의 데이터 처리와 패턴 발견 능력이 결합될 때, 우리는 전에 없던 방식으로 창의 산업의 지평을 넓혀갈 수 있다는 메시지를 담고 있다.

6장에서는 인공지능과 인간 지능의 공진화, 그리고 그 결과로 나타나는 증강 지능(Augmented Intelligence)의 가능성을 살펴본다. 이제 AI는 단순한 자동화 도구가 아니라 인간의 의사 결정과 창의적 활동을 보조하며 함께 발전하는 동반자로 자리매김하고 있다. 핵심은 인간의 직관과 창의성을 지탱하면서 동시에 AI가 가진 데이터 분석과 패턴 탐지 능력을 더해, 서로의 강점을 결합하는 협업적 지능을 만들어 내는 것이다. 이를 위해서는 무엇보다 인간 중심 설계(Human-Centered Design)가 필요하다. 의료 현장에서 AI가 진단 근거를 투명하게 제시해 의사가 자신의 경험과 결합해 최종 결정을 내리듯, 금융이나 예술, 디자인에서도 AI는 데이터를 기반으로 가능성을 제안하고, 인간은 맥락과 감성을 더해 창의적 결과를 완성한다. 이러한 상호작용 속에서 인간은 AI를 통해 사고의 폭을 확장하고, AI는 인간의 피드백을 학습하며 진화한다.

제3부는 윤리와 미래다. 창작의 민주화와 효율성 증대라는 긍정적 효과 뒤에는 윤리적 과제와 저작권 문제, 그리고 인간 감독(human oversight)의 필요성이 도사리고 있다. 인공지능이 생성한 콘텐츠의 신뢰성, 창작물의

소유권, 그리고 문화적 가치의 보존 문제는 단순한 기술적 논의를 넘어 사회적 합의가 요구되는 지점이다. 나아가 우리는 '포스트 AI 창의성'이라는 새로운 지평 위에서, 인간과 기계가 어떻게 함께 창조적 미래를 열어갈 것인지 숙고해야 한다.

7장은 AI 시대의 윤리와 저작권 문제를 다룬다. 기존 저작권법은 인간 창작자를 전제로 하기 때문에, AI가 만든 창작물의 권리 귀속은 여전히 불명확하다. 인간과 AI의 협업 작품에서 기여도를 어떻게 나눌 것인지, 프롬프트 입력 같은 행위를 창작으로 인정할 것인지가 새로운 쟁점으로 떠오르고 있다. 더불어 데이터 활용의 투명성, 이용자의 선택권 보장, 공정한 가치 분배와 같은 제도적 개혁이 요구된다. 또한 AI 알고리즘의 편향은 의료 · 금융 등 민감한 영역에서 불평등을 확대할 수 있기에, 투명성 확보와 윤리 가이드라인 마련이 필수적이다. 이 장은 AI 창작 시대가 기술만으로는 유지될 수 없으며, 인간의 권리와 사회적 신뢰를 지키는 제도와 윤리가 함께 뒷받침되어야 한다는 점을 강조한다.

8장은 AI는 새로운 가능성을 열어가지만 동시에 환각(Hallucination)과 편향이라는 심각한 한계를 안고 있음을 살핀다. 환각은 실제로 존재하지 않는 정보가 그럴듯한 사실처럼 제시되는 현상으로, 법률 문서나 언론 보도 사례에서 이미 사회적 피해를 일으킨 바 있다. 이는 단순한 오류가 아니라, 정보 신뢰성과 법적 책임, 나아가 사회적 신뢰를 흔드는 문제로 이어진다. 또한 AI는 학습 데이터 속 편향을 고스란히 재현하며 차별적 결과를 만들어 내기도 한다. 얼굴 인식의 인종별 오류, 정치적 성향이 왜곡된 뉴스 추천, 특정 문화와 관점만 반영된 창작물 등은 그 대표적 사례다. 결국 AI의 산출물은 무비판적으로 수용할 수 없으며, 출처 검증과 비판적 평가, 그리고 인간 전문가의 최종적 개입이 필수적이다. 기술 발전의 속도가 아무리 빨라도 진실을 가려내는 책임은 여전히 인간에게 있다.

9장은 AI와 인간이 함께 만들어가는 협력적 창의성의 시대야말로 창작의 의미를 새롭게 정의하고 확장하는 전환점이라는 점을 강조한다. 오늘날 창작의 경계는 급속히 허물어지고 있다. 사람이 만든 작품인가, AI가 만든 작품인가는 더 이상 단순한 호기심이 아니라, 예술과 지식 생산의 본질을 묻는 철학적 성찰로 이어진다. 미디어 아트, 음악, 글쓰기, 영상 제작 등 다양한 분야에서 인간과 AI는 '도구와 사용자'의 관계를 넘어, 동등한 파트너로 함께 사고하고 실험하는 새로운 창작 방식을 열고 있다. 특히 주목할 점은 AI가 인간의 상상력을 대체하는 것이 아니라 증폭한다는 점이다. 방대한 데이터 탐색, 무수한 변형, 이질적 개념의 융합을 통해 인간이 미처 닿지 못한 가능성을 열어준다. 이 과정에서 창작자는 더 이상 모든 작업을 직접 수행하는 장인이 아니라, 오케스트라의 지휘자이자 아이디어 큐레이터로 변모한다.

10장은 AI와 인간의 공존이 창의성의 정의 자체를 바꾸고 있음을 주장한다. 이제 창의성은 독창적 산출을 넘어, AI와의 협력 품질과 인간 주체성 유지까지 포함하는 새로운 개념으로 재구성되고 있다. 인간은 AI와 함께 시너지를 만들어 내는 파트너로서 역할을 확장해야 한다. 이러한 변화는 교육, 법·제도, 노동 문화 전반의 혁신을 요구하고 있다. 창의성 평가는 독창성뿐 아니라 협력과 공감의 가치까지 반영해야 하며, 교육은 AI 리터러시와 윤리적 감수성을 핵심으로 재편되고 있다. 동시에 저작권·보상 구조 논의가 본격화되고, 산업 현장에서는 'AI 크리에이티브 전략가'와 같은 새로운 직종이 등장하고 있다. 포스트 AI 시대의 창의성은 인간 중심의 설계와 협업 문화 속에서 재정의 되어야 하며, 이는 우리 사회가 맞이할 미래 창작의 핵심 과제가 될 것이다.

01
인공지능과 창의성의 만남

AI와 인간의 창의성 모두 새로운 아이디어나 산출물을 생성하는 점에서 공통점이 있다. AI 창의성은 알고리즘과 확률적 패턴 인식을 통해 기존 데이터를 재조합하는 '도구적 창의성'이다. 인간 창의성은 감정, 가치, 사회적 의미가 결합된 '의미 중심의 창의성'이다. 기술은 인간의 가능성을 증폭시키는 힘이며, 인간의 창의적 활동을 확장시킬 것이다.

기후 위기와 인공지능?

AI 연구의 역사와 생성형 AI의 등장

인공지능(AI)의 연구는 1956년 다트머스 회의에서 본격적으로 출발했다. 초기에는 인간의 지적 활동을 기계적으로 모방하려는 규칙 기반 시스템(rule-based system)에 집중했다. 그러나 복잡한 현실 세계의 문제에 직면하면서 단순한 규칙만으로는 충분하지 않다는 한계가 곧 드러났다. 이에 따라 1980~1990년대에는 전문가 시스템(Expert System)과 초기 신경망(Neural Network) 연구가 활발히 이루어졌지만, 데이터와 연산 자원의 제약 때문에 큰 성과를 내지 못했다.

2000년대에 들어 빅데이터(Big Data)의 폭발적 축적과 GPU를 활용한 연산 능력의 비약적 향상이 이루어지면서, 신경망을 기반으로 한 딥러닝(Deep Learning)이 도약하기 시작했다. 음성 인식, 이미지 분류, 기계 번역 등에서 딥러닝은 인간 전문가를 능가하는 성능을 보여주었고, 2010년대는 'AI 르네상스'라 불릴 만큼 기술 전환기를 맞았다. 2014년 이언 굿펠로(Ian Goodfellow)와 그의 동료들이 제안한 GAN(Generative Adversarial Network)은 이미지와 영상 생성에서 혁신적인 가능성을 열었고(Goodfellow et al., 2014), 2015년 소울-딕스타인(Jascha Sohl-Dickstein) 등이 제안한 확산(Diffusion)

모델은 개발 이미지 · 영상 생성 AI 발전의 기반이 되었다(Sohl-Dickstein st al., 2015).

또한 2017년 바스와니(A. Vaswani) 등이 제안한 트랜스포머(Transformer) 구조(Vaswani et al., 2017)는 대규모 언어 모델의 등장을 가능하게 했으며, 이를 토대로 2018년 OpenAI의 GPT-1이 공개되면서 텍스트 생성의 새로운 장이 열렸다(Radford et al., 2018). 이후 GPT-2, GPT-3, GPT-4를 거쳐 2025년 현재 초거대 언어 모델(LLM)은 인간 수준을 넘어서는 언어적 유창성을 보여주고 있다. 그 결과 AI는 텍스트뿐 아니라 이미지, 음악, 영상, 심지어 과학적 가설까지 생성하는 수준으로 발전하였다. 요컨대 지난 70여 년간의 AI 발전사는 규칙 기반 → 데이터 기반 → 생성 기반으로의 패러다임 전환을 거치며, 인간의 지적 활동을 보완하고 확장하는 도구로 진화해 왔다(He et al., 2025)

인간의 창의성과 기계의 창의성

전통적으로 창의성(creativity)은 인간의 고유한 능력으로 이해되어 왔다. 예술과 과학의 창조 행위는 인간의 감정, 경험, 사회적 맥락, 문화적 가치가 응축된 산물이며, 이를 통해 인류는 자신과 사회를 성찰해 왔다. 미하이 칙

센트미하이(Mihaly Csikszentmihalyi, 1996)는 "창의성은 문화 속에서 가치 있다고 인정되는 새로운 아이디어를 생산하는 과정"이라고 정의했다. 즉 창의성은 단순히 새롭다는 사실에 머무르지 않고, 그것이 사회적으로 의미와 가치를 획득하는 과정에 달려 있다.

심리학자 마거릿 보든(Margaret A. Boden, 1990)은 창의성을 설명하는 이론적 틀에서 심리적 창의성과 역사적 창의성이라는 두 차원을 구분하였다. 이는 창의적 산출물이 갖는 '새로움'의 기준을 개인적 차원과 역사적 차원에서 동시에 조망할 수 있게 한다는 점에서 의미가 크다.

첫째, 심리적 창의성(P-creativity)은 특정 개인에게는 전혀 새로운 발상이나 산출이지만, 사회적 · 역사적 차원에서는 이미 존재하거나 과거에 누군가에 의해 제시된 적이 있을 수 있는 아이디어를 지칭한다. 예컨대, 한 학생이 수학 문제를 독자적으로 풀어내는 방법을 고안했을 때, 그 풀이가 학문적으로는 이미 정립된 공식을 재발견한 것일 수 있다. 그러나 해당 학생에게는 전적으로 독창적인 경험이므로 심리적 창의성의 범주에 속한다. 이 차원은 개인의 학습, 성장, 문제 해결 과정에서 중요한 의미를 가지며, 일상적 창의성(daily creativity) 혹은 생활 창의성과도 연결된다. 일상적 창의성은 개인이 일상생활 속에서 직면하는 다양한 문제 상황－예컨대 가정의 가사 문제, 직장에서의 업무 효율성 제고, 인간관계의 갈등 조정, 여가 활동의 새로운 방식을 고안하는 과정－에서 발현된다. 이러한 창의적 행위는 거시적 차원에서 지식사적 변화를 일으키지는 않지만, 개인의 삶의 질을 향상시키고 사회적 상호작용의 맥락을 풍부하게 만든다는 점에서 중요한 의미를 지닌다. 예컨대, 한 가정주부가 기존의 요리법을 변형하여 새로운 조리법을 고안하는 행위, 직장인이 업무 과정을 단축시키기 위해 기존 도구를 변형하거나 결합하는 발상, 혹은 노년층이 디지털 기기를 활용해 온라인 커뮤니티에서 새로운 관계 맺기 방식을 창출하는 행위는 모두 심리적 창의성이 일상적 차원에서 발현된 사례라 할 수 있다. 이는 각 개인이 자신이 처한 환경적 제약 속에서도 스스로 의미를 창출하고 문제를 해결하는 능동적 주체임을 드러낸다.

따라서 심리적 창의성과 일상적 창의성은 개념적으로 구분되기보다는 서로 상보적 관계 속에 있으며, 전자는 후자의 이론적 기반을 제공한다. 즉, 일상에서 발휘되는 작은 차원의 창의적 실천이 곧 심리적 창의성의 구체적 발현이며, 이러한 미시적 차원의 창의성이 축적되고 확산될 때, 궁극적으로 역사적 창의성으로 이어질 수 있는 가능성을 내포한다.

둘째, 역사적 창의성(H-creativity)은 특정 개인의 아이디어가 인류 역사상 처음 등장한 것으로, 그 자체로 지식 체계나 사회 구조에 변혁을 가져오는 수준의 혁신을 뜻한다. 예컨대, 갈릴레오 갈릴레이(Galileo Galilei)가 망원경을 활용하여 천문학적 관찰 방식을 혁신적으로 전환한 사례, 혹은 알베르트 아인슈타인(Albert Einstein)의 상대성 이론은 기존의 패러다임을 근본적으로 전복한 역사적 창의성의 전형이다. 이 차원에서의 창의성은 '발견' 혹은 '창안'이라는 개념과 밀접히 맞물리며, 사회적 · 문화적 확산 과정을 통해 인류 공동체 전체에 영향을 미친다.

마거릿 보든의 이 구분은 창의성을 단일한 범주로 환원하지 않고, 개인적 · 역사적 맥락 모두를 고려할 수 있게 한다는 점에서 학문적 함의를 갖는다. 특히 교육학과 심리학에서는 P-창의성의 함양이 개인의 자기 효능감과 학습 동기를 강화하는 데 중요한 요소로 간주되며, 과학사나 예술사에서는 H-창의성의 사례 분석이 지식 체계의 진화 과정을 이해하는 데 기여한다.

구체적 사례를 통해 살펴보면 다음과 같다.

P-creativity **사례**: 어린이가 레고 블록을 이용해 새로운 구조물을 만들어 내는 행위, 신입 디자이너가 기존의 표현 양식을 차용하되 자신만의 색채와 감각을 반영하여 새로운 작품을 구현하는 경우, 혹은 연구자가 기존 문헌을 모방하면서도 스스로의 논리적 사고 과정을 통해 결론에 도달하는 경우 등이 이에 속한다.

H-creativity **사례**: 인류 최초로 인쇄술을 실현한 구텐베르크(Johannes Gutenberg)의 금속 활자 발명, 음악사에서 조성 음악의 틀을 근본적으로 전환한 아르놀트 쇤베르크(Arnold Schönberg)의 무조 음악 창안, 그리고 최근 인공지능(AI)의 발전 과정에서 제프리 힌턴(Geoffrey Hinton) 등이 주도한 딥러닝 패러다임의 제시 등이 이에 해당한다.

P-창의성과 H-창의성의 구분은 창의적 활동을 평가하는 기준을 단순히 '절대적 새로움'이나 사회적 영향력의 유무에만 국한하지 않고, 개인적 차원의 경험적 성장과 사회적 · 역사적 차원의 혁신적 기여라는 두 층위에서 동시에 조망할 수 있는 분석 틀을 제공한다. 즉, 심리적 창의성은 개인이 기존 경험과 지식을 바탕으로 새로운 아이디어를 산출하는 과정에서 얻는 인지적 · 정서적

발전과 문제 해결 역량을 강조하며, 이는 일상적 창의성이나 직업적·예술적 실천 속에서 구체적으로 발현된다. 반면, 역사적 창의성은 개인이나 집단의 창작 활동이 인류 사회의 지식 체계, 문화적 패러다임, 기술적 혁신에 실질적 변화를 가져오는 수준을 의미하며, 과학적 발견, 예술적 혁신, 기술적 발명 등에서 그 예를 확인할 수 있다.

이러한 구분은 교육적 실천, 예술 창작, 과학 연구 등 다양한 영역에서 창의성을 체계적으로 이해하고 지도하는 데 중요한 함의를 갖는다. 교육 현장에서는 학생 개개인의 P-창의성을 발현시키는 과정이 H-창의성으로 연결될 수 있도록 지원 체계를 설계할 수 있으며, 예술적 창작에서는 개별 작가의 창의적 실험과 표현이 사회적·문화적 맥락 속에서 의미 있는 혁신으로 확장되는 과정을 분석할 수 있다.

또한 과학적 혁신에서는 연구자가 새로운 아이디어를 탐색하고 실험하는 과정(P-창의성)이 장기적 연구 성과나 기술적 변화를 만들어 내는 역사적 창의성(H-창의성)으로 이어질 수 있음을 설명하는 이론적 근거가 된다. 결국 P-창의성과 H-창의성의 구분은 창의성을 단일 차원의 성과로 보는 시각을 넘어, 개인적 성장과 사회적 가치 창출이라는 다층적 관점에서 창의적 활동을 평가하고 연구할 수 있는 틀을 제공함으로써, 학문적 연구와 실천적 응용 모두에서 의의를 가진다.

AI 창의성은 알고리즘과 확률적 패턴 인식을 통해 기존 데이터를 재조합하는 '도구적 창의성'에 가깝다. 인간 창의성은 감정, 가치, 사회적 의미가 결합된 '의미 중심의 창의성'이다. 인간은 자신의 경험과 무의식, 영감의 순간을 통해 완전히 새로운 아이디어를 떠올릴 수 있지만, 기계는 스스로 문화적 맥락이나 의도를 판단하지 못한다(Boden, 1990). AI는 훈련된 데이터를 기반으로 창의적인 결과물을 생산할 수 있으나, 의도나 자각, 의미 생성 능력이 결여되어 있으므로 인간과 같은 본질적 창의성을 지닌다고 보기는 어렵다. 그러나 "기술은 인간의 가능성을 증폭시키는 힘"이라 강조하며, 인간의 창의적 활동을 확장시킬 것이라고 전망했다(Kelly, 2016).

참고문헌

Boden, M.(1990). *The Creative Mind: Myths and Mechanisms.* Routledge.

Csikszentmihalyi, M.(1996). *Creativity: Flow and the Psychology of Discovery and Invention.* Harper Collins.

He, R. et al.(2025). Generative artificial intelligence: a historical perspective. *National Science Review,* 12(5). https://doi.org/10.1093/nsr/nwaf050

Kelly, K.(2016). *The Inevitable: Understanding the 12 Technological Forces That Will Shape Our Future.* Viking.

Radford, A., et al.(2018). *Improving Language Understanding by Generative Pre-Training.* OpenAI.

Sohl-Dickstein, J., et al.(2015). *Deep Unsupervised Learning using Nonequilibrium Thermodynamics.* ICML.

Vaswani, A., et al.(2017). Attention Is All You Need. NeurIPS.

02
생성형 AI의 원리와 잠재력

생성형 AI는 GAN, VAE, 트랜스포머 기반 LLM 등의 구조로 구성되며, 대규모 데이터와 복잡한 알고리즘을 통해 인간처럼 보이는 콘텐츠를 생성한다. 이미지 · 음악 · 텍스트 · 비디오 등 다양한 영역에서 활용되며, 기술적 한계를 보완하는 윤리적 설계가 필요한 동시에, 창작 도구로서의 잠재력도 크다.

노래하는 AI 보컬?

생성형 AI의 기본 구조와 학습 방식

생성형 AI(Generative AI)는 최근의 창작 환경에서 인간과 상호작용하며 창의성을 확장하는 핵심 기술로 자리잡았다. 일반적으로 생성형 AI는 생성적 적대 신경망(GAN)(Goodfellow et al., 2014), 변분 오토인코더(VAE)(Kingma & Welling, 2013/2014), 확산 모델(Diffusion Models)(Ho et al., 2020; Rombach et al., 2022), 그리고 트랜스포머(Transformer) 기반 대규모 언어 모델(LLM)(Vaswani et al., 2017; Radford et al., 2018)로 구현된다.

트랜스포머 기반 GPT(Generative Pre-trained Transformer) 계열 모델은 대규모 말뭉치를 사전 학습(pre-training)한 뒤, 미세 조정(fine-tuning)과 인간 피드백 강화 학습(RLHF)(Ouyang et al., 2022)을 통해 과제 적합성을 높인다. 또한 제로샷(zero-shot), 퓨샷(few-shot) 학습 능력은 GPT-3에서 두드러지게 입증되었고(Brown et al., 2020), GPT-4 Technical Report (2023)는 대학 수준 시험에서 상위 10% 성적을 기록하는 등 인간과 유사한 성능을 보여 주었다(OenAI, 2023).

GAN은 생성자(Generator)와 판별자(Discriminator)가 경쟁하며 학습하는 구조를 가진다(Goodfellow et al., 2014). 생성자는 사실적인 데이터를 만들어 내고, 판별자는 진위 여부를 판별하는 과정을 반복하면서 성능이 개선된다. NVIDIA의 StyleGAN(2019)은 실제로 존재하지 않는 인물의 얼굴을 사실적으로 합성하며, 예술과 광고 등에서 활용되고 있다(Karras et al., 2019).

VAE는 데이터를 잠재 공간(latent space)에 압축해 표현한 뒤, 잠재 벡터를 조합해 새로운 데이터를 생성한다(Kingma & Welling, 2013/2014). 예컨대 패션 디자인 데이터 세트를 학습한 VAE는 새로운 스타일의 의류 디자인을 자동 생성할 수 있다. 확산 모델은 노이즈를 점차 제거하며 데이터를 생성하는 구조다(Ho et al., 2020). 최근의 Stable Diffusion(Rombach et al., 2022)은 고해상도 이미지를 효율적으로 생성해 미술 · 게임 · 광고 분야에서 폭넓게 활용된다.

데이터와 알고리즘이 창의성에 미치는 영향

생성형 AI의 성능은 학습 데이터와 알고리즘에 크게 의존한다. 특히 훈련 데이터의 다양성과 품질은 모델의 생성 능력에 결정적인 영향을 미친다. 데이터는 인간의 창작물로 구성되기 때문에, AI가 만들어 내는 결과 역시 기존 창작물의 재조합 혹은 변형이라는 비판을 받기도 한다. 그렇다고 해서 AI의 결과물이 단순한 모방에 그친다고 보기엔 어렵다. 최근의 AI는 수많은 변수를 조합하고, 인간이 기대하지 못한 방향으로 결과를 생성하며 일종의 '창의적 유사성(creative novelty)'을 보여 준다. 이는 인간 창작자들도 과거의 경험과 기존 자료를 바탕으로 창의성을 발휘한다는 점에서 유사하다.

생성형 AI의 성능은 근본적으로 학습 데이터와 알고리즘에 의존한다. 데이터의 다양성과 품질이 모델의 창의적 산출물 수준을 결정하며, 데이터 편향은 결과물의 편향으로 이어질 수 있다.

첫째, 데이터 의존성 예시다. GPT 모델이 특정 정치 뉴스 사이트 데이터를 기반으로 학습하면, 생성되는 기사에서 동일한 정치적 편향이 재현될 수 있다. 이미지 생성 모델이 특정 미술 화풍 데이터만 학습하면, 생성 이미지에서 해당 화풍만 강조된다.

둘째, 창의적 유사성(creative novelty)이다. AI는 기존 데이터를 재조합하지만, 수많은 변수와 패턴을 결합해 인간이 예상하지 못한 결과물을 생성한다. 예를 들어, DALL · E는 '고대 이집트 스타일의 우주 정거장'을 생성할 수 있으며, MusicLM은 '안개 낀 숲 속을 배경으로 한 영화용 재즈 음악'을 작곡할 수 있다. 이는 인간 창작자가 과거 경험과 기존 자료를 바탕으로 창의성을 발휘하는 과정과 유사하다(Ramesh et al., 2022; Agostinelli et al., 2023).

실제로 텍스트 분야에서 ChatGPT는 논문 요약, 기사 작성, 소설 쓰기 등 다양한 작업을 수행하며, GPT-4는 대학 시험과 자격 시험에서도 높은 성과를 보여주었다(OpenAI, 2023). 이미지 생성 분야의 Midjourney, Stable Diffusion, DALL · E는 정교하고 예술적인 이미지를 생성하며, 음악 분야의 MusicLM과 Meta AudioCraft는 텍스트 설명만으로 다양한 장르의 음악을 자동 작곡한다.

생성형 AI 창의적 가능성과 기술적 한계

생성형 AI는 단순한 도구를 넘어 창작의 파트너로 진화하고 있다. 인간의 상상력과 AI의 계산력을 결합하면 창의성의 새로운 지평을 열 수 있다. 그러나 생성형 AI는 반복적 작업, 방대한 데이터 분석, 패턴 탐색 등에서 인간 창작자의 부담을 경감하며, 창의적 산출물을 증폭(amplification)하는 도구로 기능한다. 그러나 근본적 한계가 존재한다.

첫째, '이해' 없이 생성한다는 점이다. AI는 단어와 이미지의 통계적 관계를 기반으로 데이터를 생성하지만, 의미와 맥락을 스스로 이해하지 못한다. 이로 인해 허위 정보, 오류, 논리적 비약이 포함될 수 있다. 예를 들어, ChatGPT가 존재하지 않는 법률 판례를 생성해 법률 문서 초안에 삽입한 사례가 보고된 바 있다(예: Mata v. Avianca 사건, 2023).

둘째, 윤리적, 법적 문제다. 창작물의 저작권 침해, 인공지능에 의한 표절 논란, 허위 정보 생성 등의 위험이 상존한다. 특히 딥페이크(Deepfake)와 같은 기술은 악용될 경우 사회적 혼란을 초래할 수 있다. 예컨대 Sports Illustrated는 2023년 AI 생성 기사 · 가짜 저자 논란으로 비판을 받았다.

셋째, AI는 기존 데이터를 바탕으로 새로운 조합을 생성할 수는 있지만, 완전히 새로운 개념을 '발명'하는 데에는 한계가 있다. 영화 콘셉트 아트나 음악 작곡에서 AI는 반복적 · 변형적 아이디어를 제공하지만, 최종 의미와 내러티브 부여는 인간 창작자의 몫으로 남는다.

넷째, 창의성 증폭과 도구적 역할을 한다. AI와 인간의 협력 관계에서, AI는 반복적 · 계산적 업무를 처리하고, 인간은 의미 중심적 · 문화적 · 감정적 결정을 수행한다. 광고업계에서는 AI가 수천 가지 시각적 배치안을 생성하고, 디자이너가 최종 선택과 스토리텔링을 결정하는 방식이 대표적 사례다.

다섯째, AI 의존 증가로 인해 창의성 균등화, 문화 다양성 약화, 비판적 사고 저하가 발생할 수 있다. 따라서 AI 활용 시 기술적 진보와 윤리적 · 비판적 성찰이 동시에 병행되어야 한다.

생성형 AI는 인간 창의성을 대체하는 것이 아니라, 이를 증폭하고 확장하는 도구로 이해해야 한다. 인간의 의미 중심 창의성과 AI의 도구적 창의성이 결합될 때, 더 깊이 있는 혁신과 풍부한 문화적 산출이 가능하다. 동시에 데이터 편향, 윤리적 문제, 이해 결핍과 같은 한계를 명확히 인식하고, 인간 주도의 검증과 의미 부여 과정이 필수적이다. AI 시대의 창의성 연구는 단순한 기술 활용을 넘어, 인간 중심의 설계, 교육, 법제도, 윤리적 기준을 포함하는 포괄적 전략으로 발전해야 한다.

참고문헌

Agostinelli, A., et al.(2023). MusicLM: Generating Music From Text. Google Research.

Brown, T., et al.(2020). Language Models are Few-Shot Learners. NeurIPS.

Goodfellow, I., et al.(2014). Generative Adversarial Nets.

NeurIPS.
Ho, J., et al.(2020). Denoising Diffusion Probabilistic Models. NeurIPS.
Karras, T. et al.(2019). A Style-Based Generator Architecture for GANs (StyleGAN). CVPR.
Kingma, D. P., & Welling, M.(2013/2014). Auto-Encoding Variational Bayes. ICLR.
OpenAI(2023). GPT-4 Technical Report. arXiv:2303.08774.
Ouyang, L., et al.(2022). Training language models to follow instructions with human feedback (InstructGPT). NeurIPS.
Radford, A., et al.(2018). Improving Language Understanding by Generative Pre-Training. OpenAI.
Ramesh, A., et al.(2022). Hierarchical Text-Conditional Image Generation with CLIP Latents (DALL·E 2). OpenAI.
Rombach, R., et al.(2022). High-Resolution Image Synthesis with Latent Diffusion Models. CVPR.
Vaswani, A., et al.(2017). Attention Is All You Need. NeurIPS.

03
인간 창의성의 본질 재해석

인간 창의성의 본질은 단순히 완전히 새로운 것을 무(無)에서 창조하는 능력이 아니라, 기존의 지식 · 경험 · 문화적 자원을 새롭게 결합(reconfiguration)하고 맥락화하여 의미 있는 산출을 만들어 내는 과정(contextualization)이라 할 수 있다. 이는 개인적 상상력과 사회적 · 문화적 환경이 상호작용하는 속성으로, 창의성은 개인의 독창적 발상과 공동체적 수용 가능성 사이에서 성립한다.

인공지능과 편향?

창의성 구성 요소

창의성은 새로운 아이디어를 떠올리고 문제를 색다르게 해결하는 능력을 말한다. 미국의 심리학자 길포드(Guilford, 1970)는 창의적인 사고가 '확산적 사고(divergent thinking)'에서 나온다고 보았다. 하나의 문제에 대해 다양하고 독창적인 해결책을 찾는 사고 과정으로서 확산적 사고의 중요성을 강조했다. 그는 창의성을 내용, 조작, 산출의 세 가지 차원으로 설명하며, 민감성, 유창성, 융통성, 독창성, 정교성 같은 능력이 필요하다고 했다. 토런스(Torrance, 1967)는 창의성의 인지적 요소를 유창성, 독창성, 상상력, 정교성으로 나누었고, 전경원(2000)은 유창성, 융통성, 독창성, 상상력을 강조했다. 이영덕과 정원식(1970)은 창의성의 구성 요인으로서 유창성, 융통성, 독창성, 정교성, 조직성, 지각적 개방성까지 폭넓게 보았다. 창의성의 핵심 요소는 대체로 유창성, 융통성, 독창성, 정교성으로 정리된다.

첫째, 유창성(fluency)이다. 가능한 많은 아이디어를 신속하게 떠올리는 능력이다. 아이디어의 양이 많을수록 참신하고 실용적인 해결책이 등장할 확률도 높다. 예를 들어, 디자인 워크숍에서 참가자가 50가지 이상의 로고 시안을 만들어 내는 경우, 그중 몇 가지는 독창적이면서 실질적으로 적용 가능한 안으로 발전할 수 있다.

둘째, 융통성(flexibility)이다. 사고의 틀을 유연하게 전환하여 다양한 관점을 고려하는 능력이다. 고정된 접근에서 벗어나 문제를 다각도로 바라볼 수 있어 진부한 아이디어를 탈피할 수 있다. 예컨대, 도시 재생 프로젝트에서 건축가가 전통적 건축 디자인뿐 아니라, 생태적 구조나 인터랙티브 미디어 요소를 통합하는 방식이 융통성의 예라 할 수 있다.

셋째, 독창성(originality)이다. 기존 사고와 차별화된 새로운 아이디어를 만들어 내는 능력이다. 의도적으로 독특한 관점을 추구함으로써 가능하며, 기존 데이터나 경험을 단순 변형하는 수준을 넘어선다. 음악 작곡가 존 케이지(John Cage)의 4′33″은 무음이라는 아이디어로 음악의 본질에 도전하며, 독창성의 전형적 사례로 평가된다.

넷째, 정교성(elaboration)이다. 아이디어를 구체적이고 실현 가능한 형태로 발전시키는 능력이다. 초기 아이디어가 단순한 개념에 불과하다면, 정교화 과정을 통해 실제 작품, 논문, 설계안 등으로 구체화된다. 예를 들어, 스타트업 창업자가 브레인스토밍한 수십 개의 앱 아이디어 중, 시장성과 기술적 가능성을 고려해 하나의 완성된 서비스로 발전시키는 과정이 이에 해당한다.

창의성은 단일 능력으로 설명될 수 없으며 유창성, 융통성, 독창성, 정교성이 서로 상호작용하여 통합적으로 발휘된다. 특히 일상적 창의성(daily creativity)과 생활 창의성(living creativity)에서는 유창성과 융통성이 반복적 문제 해결과 새로운 접근을 가능하게 하며, 독창성과 정교성이 의미 있는 결과물로 연결되는 구조를 형성한다.

증강 지능과 인간-AI 협업 구조

예술은 오랫동안 인간 고유의 영역으로 간주되었지만, 오늘날 AI는 그림을 그리고 음악을 작곡하며 시를 쓴다. 생성형 인공지능은 기존 데이터를 학습하여 새로운 조합을 만들어 내고, 때로는 인간조차 예상치 못한 결과를 산출한다. "창의성은 인간만의 것인가?"라는 오래된 질문은 더 이상 단순한 철학적 논의에 그치지 않는다. 인간이 창의성, 맥락 판단, 복잡한 의사 결정에서 우위를 갖고 있지만 AI는 방대한 데이터를 빠르게 처리하고 반복적 업무 수행에 탁월하다.

이러한 특성을 기반으로 한 인간과 AI의 분업적 협업 구조는 증강 지능(Augmented Intelligence)의 방향으로 설계되어야 한다. 대븐포트와 커비(2016)는 AI를 자동화 도구가 아니라 인간 능력을 증폭(augmentation)하는 파트너로 정의하였다(Davenport & Kirby, 2016). 브린욜프슨과 맥아피(2014)는 데이터 분석 · 반복 처리에서 AI의 강점을 강조하면서도, 창의성과 맥락 판단은 인간의 몫이라고 지적했다(Brynjolfsson & McAfee, 2014). 또한 슈나이더만(2022)은『Human-Centered AI』에서 인간 중심 설계와 증강 관점을 결합해야 한다고 강조하였다(Shneiderman, 2022).

보든(Boden, 1990/2004)은 창의성을 새로움(novelty), 놀라움(surprise), 가치(value)의 상호작용으로 설명하며, 무작위적 변이와 우연성이 창의적 탐색에 기여할 수 있다고 논의했다(Boden, 2004). 예컨대 OpenAI의 DALL · E는 텍스트 프롬프트를 기반으로 인간이 상상하지 못한 이미지 조합을 제시하며 AI의 탐색적 가능성을 보여준다.

하이브리드 지능 모델: 세 가지 형태와 사례

하이브리드 지능(Hybrid Intelligence)은 인간과 AI가 각자의 강점을 결합하여 의사 결정과 창의적 산출을 최적화하는 구조를 의미한다(Dellermann et al., 2019). (예:

HITL, HOTL, Autonomy with Oversight). 분야와 위험도에 따라 인간 개입 수준을 조정하며, 의료 등 고위험 영역에서는 HITL 권장이 일반적이다. 하이브리드 지능은 크게 세 가지 형태로 구현될 수 있다.

하이브리드 지능으로 AI는 데이터를 기반으로 빠르게 패턴을 찾아내고, 인간은 이를 토대로 맥락을 고려한 최종 판단을 내린다(Dellermann et al., 2019).

첫째, Human-in-the-loop(HITL): 인간이 의사 결정 과정에 직접 개입한다. HITL은 AI가 생성한 결과물이나 제안을 인간이 검토하고 승인하는 방식으로, 인간의 판단과 책임이 최종 의사 결정에 직접 반영된다.

의료 진단 사례 : IBM Watson Health는 의료 데이터를 분석하여 질병 가능성을 예측하지만, 최종 진단과 치료 계획 수립은 반드시 전문 의사가 수행한다. AI가 제시한 진단 후보를 의사가 검토하고, 환자의 병력, 생활 습관, 가치관 등을 고려하여 치료를 결정하는 구조다.

광고 · 콘텐츠 제작 사례 : 광고 산업에서 AI는 소비자 반응 데이터를 분석하여 광고 카피, 이미지, 영상 초안을 생성할 수 있다. 그러나 최종 승인과 톤 앤 매너 조정은 인간 크리에이티브 디렉터가 수행한다. 예를 들어, AI가 생성한 제품 홍보 이미지가 브랜드 이미지와 부합하는지, 문화적 민감성을 침해하지 않는지 인간이 평가한다.

금융 리스크 평가 사례 : 금융기관의 신용 평가 AI는 수많은 거래 데이터와 금융 기록을 분석하여 대출 위험 점수를 산출한다. 최종 대출 승인 여부는 인간 금융 전문가가 결정하며, AI의 분석 결과를 참조하여 복합적 판단을 내린다.

둘째, Human-on-the-loop(HOTL): 인간이 감독·감시하며 필요 시 개입한다. HOTL은 AI가 자율적으로 업무를 수행하되, 인간이 감독 역할을 수행하고 긴급 상황이나 예외적 판단이 필요할 때 개입하는 방식이다.

자율주행차 사례 : Waymo, Tesla와 같은 자율주행 차량은 센서와 AI 알고리즘을 통해 도로 상황을 실시간으로 판단하고 주행 경로를 설정한다. 그러나 인간 운전자는 차량이 예상치 못한 위험 상황에 직면했을 때 즉각 개입할 수 있으며, 시스템 오류나 복잡한 교차로 상황에서는 안전을 위해 수동 조작으로 전환한다.

군사 드론 운영 사례 : 군사용 드론은 목표 탐지, 비행 경로 계획, 감시 임무 수행을 AI가 자율적으로 수행한다. 인간 조종자는 드론이 공격 대상 식별이나 민간인 위험을 고려해야 할 때 개입하며, 최종 작전 결정과 비상 대응을 책임진다.

스마트 공장 자동화 사례 : 현대의 스마트 제조 공장은 AI 기반 로봇과 자동화 시스템이 생산 공정을 관리한다. 그러나 품질 검사, 불량품 판단, 비상 상황 대응 등 중요한 의사결정에서는 인간 감독자가 개입한다. 예를 들어, AI가 제품 결함을 판정하지 못한 경우, 인간 엔지니어가 최종 판단을 내린다.

셋째, Fully Autonomous with Oversight: AI가 대부분 작업 수행, 인간은 긴급 시 개입한다. 이 모델은 AI가 독립적으로 업무를 수행하되, 인간은 원칙적 · 긴급 상황에서만 개입하는 방식이다. AI의 자율성이 극대화되며, 인간의 개입은 최소화된다.

알고리즘 기반 금융 거래(Algorithmic Trading) **사례** : 고빈도 거래(HFT, High-Frequency Trading) 알고리즘은 주식, 채권, 파생 상품 시장에서 수천 건의 거래를 초 단위로 수행한다. 인간 트레이더는 일상적 거래 과정에는 개입하지 않지만, 시장 급변이나 시스템 오류 발생 시 긴급 개입한다.

AI 기반 뉴스 생성 사례 : 일부 미디어사는 AI가 스포츠 경기 결과, 금융 뉴스, 날씨 보도 등 반복적 기사 작성을 자동으로 수행한다. 인간 기자는 주요 사회적 사건이나 민감한 이슈 발생 시만 최종 검수와 편집을 담당하며, 평상시에는 AI가 자율적으로 작성한 콘텐츠가 발행된다.

스마트 농업(AI-Driven Agriculture) **사례** : AI 기반 농업 시스템은 토양 분석, 수확 시기 예측, 자동 관수 및 병충해 방제까지 대부분의 작업을 수행한다. 농업 관리자는 장기간 모니터링만 수행하며, 극심한 기후 변화나 시스템 오류 발생 시 개입한다.

세 가지 하이브리드 지능 모델은 인간의 판단력과 책임성을 유지하면서도, AI의 데이터 처리와 예측 능력을 최대한 활용하도록 설계된다. HITL은 인간 중심 의사 결정이 가장 강하게 반영되는 구조이며, HOTL은 자율성과 인간 감독의 균형을 취한다. Fully Autonomous with Oversight는 AI의 독립성을 극대화하되, 인간의 안전 및 윤리적 개입을 보장하는 방식이다. 이러한 모델은 단순 자동화가 아닌, 인간-AI 협력적 창의성과 의사 결정 효율성 증대를 목표로 설계되어야 하며, 분야별 특성과 위험성을 고려하여 적절한 형태를 선택하는 것이 중요하다.

참고문헌

전경원(2000). 《창의학》. 학문사.

Boden, M. A.(2004). The Creative Mind: Myths and Mechanisms (2nd ed.). Routledge.

Brynjolfsson, E. & McAfee, A.(2014). *The Second Machine Age.* W. W. Norton.

Csikszentmihalyi, M.(1996). *Creativity: Flow and the psychology of discovery and invention.* HarperCollins.

Davenport, T. & Kirby, J.(2016). *Only Humans Need Apply: Winners and Losers in the Age of Smart Machines.* Harper Business.

Dellermann, D., et al.(2019). Hybrid Intelligence. *Business & Information Systems Engineering, 61*(5), pp.637~643.

Shneiderman, B.(2022). *Human-Centered AI.* Oxford University Press.

Torrance, E. P.(1974). Torrance Tests of Creative Thinking: Directions Manual. Scholastic Testing Service.

04
예술과 콘텐츠 창작의 변화

AI는 예술에서 더 이상 도구에 머무르지 않고, 창작자와 함께 일하는 파트너로 진화하고 있다. 문학 · 음악 · 미술 · 영상 전반에서 AI는 새로운 표현 영역을 열지만, 독창성과 저작권 문제, 창작자의 역할 변화라는 과제를 함께 안고 있다. 향후 예술은 인간과 AI의 동반자적 관계를 기반으로 재정의될 것이며, 이는 예술의 미래를 풍부하게 형성하는 공동 창작의 시대가 될 것이다.

청각장애인과 AI?

AI 예술과 전통 예술 형식의 개념적, 실무적 차이

AI 생성 예술은 데이터 · 모델 · 연산을 매체이자 재료로 삼아 학습한 확률 분포에서 새로운 이미지 · 텍스트 · 음악 · 영상을 산출한다. 최근에는 프롬프트 엔지니어링, 저비용 미세 적응(LoRA), 텍스추얼 인버전(Textual Inversion), 컨트롤넷(ControlNet), 인 · 아웃페인팅, 멀티모달 트랜스포머 등이 결합되어, 예술가가 모델의 잠재 공간(latent space)을 직접 탐험 · 조율할 수 있게 되었다(Hu et al., 2021; Gal et al., 2022; Zhang et al., 2023). 전통 예술이 물질(캔버스 · 악기 · 필름)과 신체(손기술 · 퍼포먼스)의 감각에 기반한다면, AI 예술은 벡터 · 토큰 · 잠재 코드 같은 내부 표현과 프롬프트 · 파이프라인이 곧 재료와 규칙이 된다(Elgammal et al., 2017).

창작 단위의 변화는 곧 창작 사고의 변화를 불러온다. 전통 예술이 '손과 감각'을 중심으로 했다면, AI 예술은 '데이터 단위와 확률적 연산'을 중심으로 사고한다. 또한 작업 문법이 달라짐에 따라, 예술가는 점차 '프롬프트 디자이너'이자 '파이프라인 설계자'로서 정체성을 확장하게 된다. 이는 창작 행위의 본질이 기술 · 언어 · 알고리즘과 깊이 교차하는 새로운 예술적 패러다임을 예고한다.

첫째, AI 예술은 데이터 · 모델 · 연산을 매체이자 재료로 삼는다. 이러한 변화는 곧 창작의 최소 단위와 이를 조합하는 규칙을 달리 정의하게 만든다. 창작의 단위(Creation units)는 토큰, 프레임, 스펙트럼으로 구성된다.

텍스트 토큰(token) : 언어 모델 기반 창작에서 텍스트는 더 이상 문장이나 단락 단위가 아니라 '토큰'이라는 최소 의미 단위로 분해된다. 토큰은 단어, 어근, 심지어 글자 조합으로 환원되며, AI는 이 토큰 간의 확률적 연관성을 학습하여 새로운 문장을 생성한다. 즉, 인간이 의미적 맥락으로 글을 쓴다면, AI는 통계적 예측으로 글을 짓는 것이다.

프레임(frame) : 영상 · 애니메이션 생성에서 창작의 단위는 장면(scene)이 아니라 '프레임'이다. 확률적 모델은 프레임 단위의 연속성과 전환을 학습하여 새로운 시퀀스를 만들어 낸다. 이는 기존 영화 창작이 컷과 신을 중심으로 구성되던 것과 대비된다.

스펙트럼(spectrum) : 창작물의 "무엇을 말하느냐(내용)"

가 아니라 "어떻게 느끼게 하느냐(톤 · 무드 · 스타일)"를 좌우하는 연속 축들의 묶음이다. 스펙트럼은 작품의 정체성과 감정 곡선을 만드는 조절판이다. 프레임(구성)과 토큰(디테일)이 잘 짜여 있어도, 스펙트럼이 흐트러지면 전체 인상이 무너진다. 반대로 축을 명확히 정의 · 측정 · 제어하면, 에이전트 AI와의 협업에서도 브랜드 톤과 예술적 일관성을 안정적으로 유지할 수 있다(McCormack et al., 2019).

둘째, 작업 문법(Working grammar)은 크게 프롬프트와 파이프라인(단계적 처리)으로 구성된다.

프롬프트(prompt) : AI 예술에서 작가가 수행하는 핵심 행위는 프롬프트를 입력하는 것이다. 이는 단순한 지시문이 아니라, 모델의 잠재 공간(latent space)을 탐험하는 열쇠 역할을 한다. 예술가는 단어 선택, 구문 구조, 수식어 조합을 통해 생성 결과의 스타일과 의미를 조율한다. 즉, 인간의 손 기술을 대신하는 새로운 문법이 언어적 지시로 전환된 것이다(Gal et al., 2022).

파이프라인(pipeline) : 생성 과정은 단일한 절차가 아니라 여러 모듈이 연결된 파이프라인으로 운영된다. 예를 들어,

텍스트를 입력하고 잠재 벡터로 변환한다. 확산 모델 샘플링 후 컨트롤넷(ControlNet)에 조건 부여한다. 그리고 후처리(업스케일, 인페인팅)를 한다. 이러한 일련의 과정은 일종의 '작업 문법'으로 기능한다. 예술가는 이 파이프라인의 순서를 설계하고 조건을 조정하며 작품을 완성한다(Zhang et al., 2023).

AI 예술과 전통 예술 형식의 접근성과 경제성

전통 예술과 인공지능 예술은 창작의 반복성과 실험성이라는 공통점을 공유하지만 비용 구조, 접근성의 장벽, 사례의 스케일에서 뚜렷한 차이를 드러낸다. 인공지능 예술은 특히 "한계비용 거의 0"의 구조를 통해 창작의 민주화를 가능케 했다는 점에서, 예술 실천의 사회적 기반을 근본적으로 재편하고 있다. 이는 단순히 '새로운 도구의 등장'에 그치지 않고, 예술 생산과 소비의 권력 구조를 바꾸는 패러다임 전환으로 이해될 수 있다(Zhang et al., 2025).

전통 예술은 물질적 매체(물감, 필름, 무대 장치)와 인적 자원(연주자, 촬영팀, 편집자)에 대한 고정 비용이 크다. 하나의 시도를 위해 투입되는 비용이 상대적으로 높으며, '실패한 시도' 또한 상당한 경제적 부담으로 남는다. AI 예술은 클라우드 기반 연산과 경량화된 생성 모델 덕분에 한계비용이 거의 0에 가깝다. 동일한 자원으로 수십, 수백 가지의 변주를 즉각 시도할 수 있으며, 실패는 비용 손실보다 데이터 축적과 경험 학습으로 전환된다.

전통 예술은 도구와 신체적 수행 능력이 요구된다. 캔버스를 다루는 손기술, 피아노의 신체적 연주력, 카메라 조작 능력 등이 선행 조건이다. 이러한 장벽은 비전공자, 장애인, 고령자에게 접근을 어렵게 만들었다. AI 예술은 텍스트, 음성, 간단한 GUI 입력만으로 결과를 산출할 수 있다. 따라서 비전공자, 장애인, 고령자도 창작 과정에 참여할 수 있다. 예컨대 시각장애 창작자가 텍스트에서 음악 변환 모델로 사운드 스케이프를 구성하거나, 거동이 불편한 노년층이 음성 프롬프트만으로 영상 콜라주를 제작하는 것이 가능하다. 이는 창작의 민주화(democratization)와 포용성(inclusiveness)이라는 사회적 의미를 가진다.

전통 예술 사례를 비교하면 회화는 갤러리 · 미술관이라는 제한된 공간에서 전시되며, 영화 제작은 막대한 장비와 인력이 필요한 대규모 프로젝트에 집중되어 왔다. AI 예술 사례의 경우를 보면, 중소 브랜드가 대행사 없이 제품 컷 합성 · 배경 생성으로 광고 캠페인을 빠르게 반복 제작하고, 독립 영화팀이 Runway · Stable Diffusion으로 콘셉트 보드와 프리 비주얼을 단기간 완성한다. 또한 지역 박물관이 Adobe Firefly(라이선스 기반 학습)로 교육용 시각 자료를 자급하기도 한다. 이러한 사례는 기존에 고비용 · 고전문성의 벽에 가로막혔던 집단이 창작 생태계에 참여할 수 있게 되었음을 보여준다.

AI 예술과 전통 예술 형식의 새로운 표현과 탐구, 잠재 공간의 미학

인공지능 기반 예술은 기존의 표현 규범을 넘어서는 새로운 감각적 · 개념적 탐구의 장을 열어가고 있다. AI 모델은 비현실적 시점, 물리적으로 불가능한 변형, 장르 간 합성을 손쉽게 구현함으로써 예술가가 접근할 수 있는 창작의 잠재 공간(latent space)을 비약적으로 확장시킨다.

전통 예술 사례를 비교하면 회화는 갤러리 · 미술관이라는 제한된 공간에서 전시되며, 영화 제작은 막대한 장비와 인력이 필요한 대규모 프로젝트에 집중되어 왔다. AI 예술 사례의 경우를 보면, 먼저 2019년 필립 왕(Philip Wang)이 선보인 웹 프로젝트 This Person Does Not Exist를 들 수 있다. 이 프로젝트는 StyleGAN(Generative

Adversarial Network의 진화형)을 활용해 실존하지 않는 인물의 얼굴을 사실적인 사진처럼 생성했다(Karras et al., 2019). 사용자가 웹사이트를 '새로 고침'할 때마다 전혀 새로운 "가상의 얼굴"이 나타나며, 이는 합성 사진학(synthetic photography)의 대표적 사례로 꼽힌다. 이 프로젝트는 단순한 기술 데모를 넘어, 사진이 "현실을 기록한다"는 전통적 인식에 도전하며 진실성과 재현의 문제를 사회적으로 환기시켰다. 실제 인물이 아님에도 불구하고 너무나 사실적인 얼굴이 등장하는 경험은, AI가 만들어 내는 이미지와 우리의 인지적 신뢰 사이의 간극을 드러냈다.

둘째, 레픽 아나돌(Refik Anadol)의 머신 할루시네이션(Machine Hallucinations)이다. 뉴미디어 아티스트 레픽 아나돌은 방대한 데이터 세트를 학습한 AI 모델을 활용해 미디어 파사드와 몰입형 전시를 제작해 왔다. 그 대표작 중 하나인 머신 할루시네이션(Machine Hallucinations) 시리즈(2020)는 위성 사진, 도시 건축 데이터, 자연 풍경 데이터를 학습한 AI가 생성한 패턴을 대규모 건축 외벽이나 전시장 공간에 투사한 프로젝트다. 이 작업은 데이터 그 자체를 하나의 예술적 재료로 전유하며, 인간이 일상적으로 경험하지 못하는 데이터의 잠재적 시각화를 감각적 경험으로 확장했다. 관객은 단순히 이미지를 보는 것을 넘어, 데이터 · 도시 · 기억 · 감각이 교차하는 공간에 몰입하게 된다. 이는 AI가 환경적 · 건축적 차원의 새로운 미학을 열어갈 수 있음을 보여준다.

셋째, 그라임스(Grimes)의 엘프테크(Elf.Tech) 보이스 공개와 수익 공유 모델이다. 캐나다 출신 뮤지션 그라임스(Grimes)는 2023년 AI 음성 합성 도구 엘프.테크(Elf.Tech)를 공개하며, 누구나 자신의 보이스 모델을 사용해 음악을 제작할 수 있도록 허용했다. 단순히 기술을 공개하는 데 그치지 않고, 생성된 음악의 수익을 창작자와 50:50으로 공유하는 라이선스 구조를 도입했다. 이는 예술가 개인의 고유한 음색을 공동 창작의 자원으로 전환한 사례로, AI와 저작권 · 수익 배분 문제를 창의적으로 풀어낸 시도다. 그라임스의 실험은 "아티스트의 정체성(목소리)"을 다수가 빌려 쓸 수 있는 협업 생태계로 확장하며, AI 시대 예술 노동과 권리의 새로운 패러다임을 제시했다.

넷째, 홀리 헌던(Holly Herndon)의 Holly+DAO 기반 보이스 라이선싱이다. 실험적 음악가 홀리 헌던은 자신의 목소리를 학습한 AI 모델 Holly+를 2021년 공개했다.

이 프로젝트의 핵심은 기술적 구현뿐 아니라 DAO(탈중앙화 자율 조직) 기반의 운영 구조였다. 누구나 Holly+를 활용해 작품을 만들 수 있지만, 사용 여부와 결과물의 승인 · 거부 권한은 DAO 구성원들의 투표로 결정된다. 이 방식은 저작권 · 저자성 · 윤리적 책임 문제를 커뮤니티 기반으로 해결하려는 시도이며, 예술가의 목소리를 하나의 공유 자산으로 전환한 점에서 독창적이다. 헌던(Herndon)은 "나의 목소리는 더 이상 개인적 자산이 아니라, 기술과 공동체가 함께 관리하는 공적 자원"이라는 메시지를 던졌다.

다섯째, 더 넥스트 렘브란트(The Next Rembrandt: 데이터 기반 렘브란트 양식 실험)다. 2016년 ING와 마이크로소프트, 델프트 공대 연구진이 협력한 더 넥스트 렘브란트(The Next Rembrandt) 프로젝트는 네덜란드 화가 렘브란트의 작품을 고해상도 데이터로 분석한 뒤, 알고리즘을 통해 그의 양식적 특징(빛, 음영, 구도, 붓질 패턴)을 추출하고 이를 바탕으로 새로운 "렘브란트풍 그림"을 생성한 실험이다. 3D 프린팅 기술을 활용해 물리적 캔버스에 질감까지 구현된 이 작품은, 전통 회화 양식의 데이터적 계승과 재구성 가능성을 보여주었다. 이는 단순 복제가 아니라, "만약 렘브란트가 오늘날 살아 있었다면 그가 그렸을 법한 작품"을 추론하는 방식으로, 전통 예술과 AI 데이터 분석의 결합이 어떻게 새로운 해석을 낳을 수 있는지 입증했다.

여섯째, 수젠 청(Sougwen Chung)의 인간-로봇 협업 드로잉이다. 중국계 캐나다 예술가 수젠 청은 자신의 드로잉 제스처를 학습한 AI와 로봇 팔을 결합해 공동 작업을 수행하는 프로젝트를 이어가고 있다. 대표적으로 드로잉 오퍼레이션(Drawing Operations) 시리즈(2020)에서, 그는 로봇 팔과 함께 캔버스 위에 선을 긋고 패턴을 만들어간다. 인간의 손이 만들어 내는 우연성과 즉흥성, 그리고 기계가 산출하는 반복적 변주가 결합해 하나의 회화적 결과물이 완성된다. 이 작업은 인간과 인공지능의 관계를 단순한 도구적 보완이 아니라 창작적 제스처의 확장된 수행으로 보여준다. 즉, 인간의 감각과 기계의 계산이 상호작용하며 새로운 형태의 예술적 제스처를 만들어 낸 것이다.

AI 예술은 단순한 자동 생성이 아니라, 잠재 공간을 탐험하고 가시화하는 예술적 행위로 이해할 수 있다. 합성 프로젝트는 진실성과 재현의 문제를, 데이터 회화는 데이터 자체의 미학을, 보이스 라이선싱은 저작권 · 작가성의 제도적 층위를, 인간-기계 협업은 수행성과 주체성의 문제를 새롭게 제기한다(Elgammal et al., 2017). 이는 예술이 기술 · 사회 · 윤리와 얽히며, 기존 규범을 넘어서는 새로운 미학적 패러다임으로 이동하고 있음을 보여준다.

AI 생성 예술 도전 과제

AI 생성 예술은 인간적 감성과 문화적 깊이가 부족하다는 비판을 받는다. 알고리즘 기반 창작은 진정한 창의성과 독창성에 한계가 있다는 의문이 제기된다. 예술가 수요 감소로 예술 산업의 고용과 지역 사회에 부정적 영향을 미칠 수 있다.

AI 예술을 둘러싼 논쟁은 단순한 기술적 가능성의 문제를 넘어, 의미와 독창성, 노동과 규범을 둘러싼 근본적 질문을 제기한다.

첫째, 인간적 감성과 터치의 부재다. AI 산출물에는 의도, 경험, 고통, 기억과 같은 체화된 맥락이 결여되어 있다는 비판이 꾸준히 제기된다. 겉으로는 감정을 표현하는 듯 보이는 결과물이 만들어지더라도, 그것이 실제로 누군가의 살아온 시간과 정서적 체험에서 비롯된 것인지는 전혀 다른 문제다. 따라서 작품이 사회적 · 문화적 의미를 획득하는 과정은 여전히 인간의 해석 행위, 그리고 비평과 감상의 장 속에서 완성된다.

둘째, 창의성과 독창성에 대한 의문을 갖게 한다. AI 모델의 산출은 학습 데이터의 분포를 재표본화하는 과정에 가깝다. 절대적 창발이라기보다는 새로운 조합과 스타일적 변주에 머문다는 점에서 독창성의 기준은 흔들린다. 크리스티 경매에서 낙찰된 에드먼드 드 베라미(Edmond de Belamy)가 알고리즘의 서명을 강조했던 사례는, 오히려 "작가성의 주체가 누구인가"라는 질문을 부각시켰다. 프롬프트를 입력한 사람, 데이터 세트를 큐레이션한 집단, 알고리즘 파이프라인을 설계한 연구자 가운데 누가 '창작자'로 호명될 수 있는지는 여전히 논쟁적이다.

셋째, 데이터 윤리와 저작권의 문제를 일으킨다. 오늘날 많은 생성형 모델은 무단 크롤링과 출처 불명 데이터에 의존하며, 이는 원저작자의 권리, 표현의 자유, 공정한 보상과 충돌한다. 이러한 문제의식 속에서 일부 상용 모델들은 스톡 이미지나 자체 라이선스를 기반으로 한 데이터 학습을 선언하고 있으며, 이용자에게 학습 데이터 참여 여부를 선택할 수 있는 옵트인/옵트아웃 메커니즘을 제공하기 시작했다. 또한 데이터 시트와 모델 카드를 공개하여 학습 데이터의 출처와 특성을 명확히 밝히려는 시도도 확산 중이다.

넷째, 편향과 대표성의 문제다. 데이터의 지역적 · 성별적 · 문화적 편중은 결과물 속에 고스란히 반영된다. 전통 복식이나 비서구적 얼굴형의 왜곡, 성별 고정관념의 강화는 대표적인 사례다. 따라서 공정성 감사를 정기적으로 수행하고, 프롬프트 가이드라인과 샘플 검증을 제도화하는 방식이 점차 요구된다.

다섯째, 예술 노동과 산업 구조의 변화에 대한 과제다. 반복적이고 기계적인 작업은 빠르게 자동화되지만, 새로운 직무가 동시에 등장한다. 데이터 파이프라인 설계, 결과물의 감리와 큐레이션, 저작권 관리가 대표적이다. 그러나 대량 저가 생산이 시장을 포화시키면서 가격 하방 압력이 커지고, 중간 수준의 숙련 일자리는 축소될 수 있다. 따라서 "공정 전환(Just Transition)"의 관점에서 재교육, 직무 재설계, 사회적 안전망을 마련하는 것이 중요하다.

여섯째, 콘텐츠 신뢰성과 환경 비용에 대한 문제다. 합성 이미지와 음성이 대량 유통되는 사회에서 출처와 진위를 검증하는 비용은 점점 커질 수밖에 없다. 동시에 대규모 학습과 추론 과정이 에너지 소비와 탄소 배출을 수반한다는 사실은 간과할 수 없다. 따라서 신뢰할 수 있는 검증 체계의 구축과 더불어, 지속 가능한 모델 설계와 효율적 연산 구조의 개발이 필수적 과제로 제기된다.

참고문헌

Anadol, R.(2020). Machine Hallucinations. Artist project documentation.

Congressional Research Service.(2025). Generative Artificial Intelligence and Copyright Law (LSB10922). https://www.congress.gov/crs-product/LSB10922

Chung, S.(2020). Drawing Operations. Artist project documentation.

Elgammal, A., et al.(2017). CAN: Creative Adversarial Networks. arXiv preprint arXiv:1706.07068.

Gal, R., et al.(2022). Textual Inversion. arXiv preprint arXiv:2208.01618.

Grimes.(2023). Elf.Tech Voice Model. Artist statement.

Herndon, H.(2021). Holly+. Project documentation.

Hu, E. J., et al.(2021). LoRA: Low-Rank Adaptation of Large Language Models. arXiv preprint arXiv:2106.09685.

ING.(2016). The Next Rembrandt Project. Project report.

Karras, T., et al..(2019). A Style-Based Generator Architecture for Generative Adversarial Networks. Proceedings of CVPR, 4401~4410.

McCormack, J., et al.(2019). Autonomy, Authenticity, Authorship and Intention in Computer Generated Art. International Conference on Computational Creativity(ICCC).

Zhang, L., et al.(2023). Adding Conditional Control to Text-to-Image Diffusion Models(ControlNet). Proceedings of ICCV.

Zhang, C., et al.(2025). Artificial Intelligence Reshapes Creativity: A Multidimensional Evaluation. Pacific Journal of Humanities, 12(3), 55~70.

05
창의성: 인간과 AI 에이전트의 협업

인공지능 에이전트의 도입으로 창의 산업은 ‘인간-에이전트’ 협업 체제로 전환되고 있다. AI가 반복적이며 분석적인 작업을 자동화하고, 창작자를 위해 아이디어와 맞춤 피드백을 제공하면서, 인간은 창의적인 통찰과 전략적 판단에 집중할 수 있게 되었다. 이에 새로운 가치와 혁신을 만들어 낸다. 이 협업 구조야말로 창의 산업의 혁신 패러다임이다.

AI 콘텐츠 크리에이터?

창의성 : 인간과 AI 에이전트의 협업

에이전트 AI(Agentic AI)는 단순히 사용자의 지시에 즉각 반응하는 도구형 모델을 넘어, 사용자가 부여한 고수준 목표를 바탕으로 계획을 세우고, 외부 도구를 호출하며, 독립적으로 실행을 이어가는 시스템으로 정의된다(OpenAI, 2024; IBM, 2025). 이는 "준(準) 자율적" 특성을 가지며, 단순한 데이터 처리기가 아니라 인간의 창작 과정을 보완하는 협업적 파트너로 이해된다.

인간 창작자는 여전히 작품의 철학적 맥락, 정서적 깊이, 문화적 해석을 담당하지만, 에이전트 AI는 실험적 가능성을 넓히고, 데이터 기반의 최적화 과정을 가속화하며, 개별 이용자에게 맞춤화된 창작 경험을 제공한다.

첫째, 콘텐츠 생성의 보조 및 협업 기능이다. 에이전트 AI는 영화, 음악, 게임, 광고, 디자인 등 거의 모든 창작 영역에서 활용된다. 영화 분야에서 스크립트북(ScriptBook)은 시나리오를 분석해 흥행 가능성, 캐릭터 관계, 서사 구조의 약점을 진단한다(ScriptBook, 2020). 음악 창작에서 앰퍼 뮤직(Amper Music), AIVA는 작곡가의 설명이나 코드 입력을 기반으로 다양한 변주를 제안한다. 게임에서 AI 던전(Dungeon)은 플레이어의 선택에 따라 서사가 즉시 분기되는 구조를 제공한다. 인간은 AI가 제안한 아이디어를 선별 · 편집하면서 창의적 의사결정에 집중할 수 있다.

둘째, 사용자 맞춤형 경험 디자인이다. 현대의 창작물은 더 이상 일방향적 전달에 머물지 않는다. 에이전트 AI는 관객 혹은 사용자의 데이터(취향, 시청 이력, 감정 반응, 상호작용 기록)를 분석하여, 개인화된 예술 경험을 구성한다. 스트리밍 플랫폼은 이용자의 데이터(취향 · 시청 기록)를 분석해 추천을 제공한다. 인터랙티브 전시에서는 관람자의 움직임이나 제스처가 작품에 반영된다. 예를 들어 MoMA의 언슈퍼바이즈드(Unsupervised)(Refik Anadol, 2022)는 방대한 컬렉션 데이터를 기반으로 실시간 생성 이미지를 투사하며, 클리블랜드 미술관의 아트렌즈(ArtLens)는 관람자의 제스처와 이동에 따라 작품이 달라진다. 이는 예술 경험을 개인화하는 새로운 패러다임이다.

셋째, 실험적 창작과 새로운 형식 개발이다. 에이전트 AI는 단순히 인간의 요청을 수행하는 데서 그치지 않고, 목표를 재설정하며 결과를 평가하는 기능을 갖추었기 때문에 전통적 예술 형식의 경계를 넘어선 창작을 가능케 한다. 예술가 수젠 청(Sougwen Chung)은 AI · 로봇 협업 작업으로 유명한데, 그는 로봇 팔과 실시간 생성 모델을 결합하여 드로잉 퍼포먼스를 선보인다. 이 과정에서 인간의 제스처와 AI의 기계적 변주가 상호 교차하며 공동 작품이 탄생한다. 이는 인간-기계 협업 기반의 하이브리드 창작 형식의 확산을 보여준다.

넷째, 반복적 테스트와 최적화 기능이다. 상업적 창작 영역에서 에이전트 AI의 효용은 특히 두드러진다. 광고 분야에서 AI 기반 마케팅 언어 최적화 플랫폼인 퍼사도(Persado)는 소비자 반응 데이터를 바탕으로 감정 기반 카피와 이미지 조합을 최적화한다. 소비자 행동 데이터를 분석해서, 어떤 단어 · 감정 톤 · 표현 방식이 구매 전환율을 높이는지를 학습한다. 이메일 제목, 광고 카피, 배너 문구 등을 자동 생성 · 테스트해서 클릭률(CTR), 전환율(CVR)을 최적화한다. 단순한 A/B 테스트가 아니라, 대규모 언어 데이터와 심리학적 감정 모델을 결합한다는 점에서 차별성이 있다. 저널리즘 분야에서는 자연어 생성 플랫폼인 워드스미드(Wordsmith, AP)와 데이터 로봇 저널리즘 프로젝트인 레이더(RADAR)(PA Media 운영)는 구조화된 데이터를 바탕으로 기사 초안을 자동 작성한다. 이 덕분에 기자들은 반복적 단신 작성에서 벗어나 탐사 보도나 심층 분석에 더 집중할 수 있다.

다섯째, 보완적 발전 과제가 남아 있다. 에이전트 AI

를 창작 과정에 온전히 통합하기 위해서는 윤리적 가이드라인 수립, 저작권 체계의 정비, 인간 창작자의 의도와 맥락을 해석하는 AI의 역량 강화, 협업 모델의 정교화가 필요하다. 무엇보다도 AI가 제시하는 결과를 무비판적으로 수용하는 것이 아니라, 인간 창작자의 비판적 평가와 해석적 개입이 지속적으로 이루어져야 한다. 이는 단순히 "AI가 잘 작동하는가"의 문제가 아니라 "AI가 제안하는 아이디어가 예술적 · 문화적 맥락에서 어떤 의미를 갖는가"라는 질문과 직결된다.

AI가 열어가는 창의 산업의 새로운 지평

에이전트 AI는 영화, 음악, 게임, 시각 예술, 광고, 저널리즘 전반에서 인간과의 협업 파트너로 작동한다. 반복 작업을 줄이고 창작 효율과 질을 높이며, 새로운 형태의 창작 가능성을 열고 있다. AI는 데이터 기반 분석 · 실험을, 인간은 의미 · 가치 판단을 담당함으로써, 창의 산업은 도구적 자동화를 넘어 협업적 창의성의 단계로 이동하고 있다(Endemano & Brien, 2025; Monfrais, 2025).

첫째, 영화 제작이다. 스크립트북(ScriptBook) AI는 시나리오를 분석해 흥행 가능성을 예측하고, 스토리 전개상의 약점을 발견하며 대체 플롯을 제안한다. 이는 단순한 수익성 예측을 넘어 감독과 작가가 서사 구조를 더 정밀하게 조율하는 데 기여한다. 최근에는 특정 장면이 관객의 감정에 어떤 영향을 줄지를 분석하는 정서 예측 알고리즘도 활용된다. 예를 들어, 특정 음악 삽입이나 카메라 워킹의 변화를 AI가 시뮬레이션하여 편집 과정에 반영할 수 있다. 이는 영화가 단순한 예술을 넘어 데이터 기반 감각 설계로 진화하고 있음을 보여준다.

둘째, 음악 산업이다. 앰퍼 뮤직(Amper Music), 아이바(Aiva) 등은 단순 작곡 툴이 아니라 협업 파트너로 기능한다. 음악가는 자신의 의도를 설명하는 텍스트나 코드 진행을 입력하면, AI는 즉시 수십 개의 변주를 생성하여 제공한다. 음악가는 그중 일부를 채택하거나 재구성하면서 창작의 폭을 확장한다. 이는 특히 광고 음악, 영화 음악, 게임 음악처럼 빠른 제작과 다양한 버전이 필요한 산업에서 큰 역할을 한다. 또한 일부 음악가들은 AI와 협업을 새로운 퍼포먼스 형식으로 발전시켜, 무대에서 AI가 생성한 즉흥 연주와 인간 연주자가 상호작용하는 실험을 시도하고 있다.

셋째, 게임 분야다. AI 던전(Dungeon)과 같은 텍스트 기반 에이전트는 플레이어의 선택을 즉각적으로 반영하여 무한에 가까운 서사를 생성한다. 기존의 고정된 스토리 라인이 아니라, 개별 플레이어마다 다른 이야기 경험이 가능해진다. 이는 게임을 일종의 공동 서사 창작의 장으로 바꾸는 전환점이다. 최근에는 AI가 게임의 난이도 조절과 환경 설정까지 실시간으로 수정하는 시도가 이루어지고 있으며, 이는 맞춤형 몰입 경험을 가능하게 한다.

넷째, 시각 예술과 디자인 분야다. 런웨이(Runway) ML과 DALL · E 기반 에이전트는 디자이너가 텍스트 프롬프트를 입력하면 수백 개의 콘셉트 이미지를 자동으로 제안한다. 디자이너는 이를 바탕으로 세부적 수정 지시를 반복하면서 독창적 결과물을 도출한다. 이 과정은 단순히 시간 절약에 그치지 않고, 기존에 상상하기 어려웠던 비정형적 이미지 실험을 가능케 한다. 나아가 건축 분야에서도 AI 에이전트는 도시 맥락 데이터를 기반으로 설계 옵션을 제시하고, 지속가능성 지표까지 포함해 최적의 구조를 탐색한다.

다섯째, 광고와 마케팅 분야에서 인공지능 에이전트는 단순 보조 도구를 넘어 캠페인 운영의 핵심 파트너로 자리 잡고 있다. 예를 들어, 앞에서 언급한 퍼사도는 소비자의 반응 데이터를 분석하여 감정 기반 카피와 이미지 조합을 최적화함으로써 브랜드 메시지를 세밀하게 조정한다. 한편, 알버트.에이아이(Albert.ai)는 '자율주행 마케팅'이라 불릴 만큼 광고 집행 전 과정을 자동화하여, 타깃팅, 입찰가 조정, 광고 성과 분석을 실시간으로 수행한다. 프레지(Phrasee)는 이메일과 소셜 미디어 캠페인에서 브랜드의 언어 톤을 학습한 뒤, 소비자의 감정 반응을 이끌어낼 수 있는 카피를 자동으로 생성하며, 코텍스(Cortex)는 이미지와 영상의 색상, 구도, 표정 같은 시각적 요소를 평가해 어떤 콘텐츠가 더 높은 참여를 유도할지를 예측한다. 이와 더불어 글로벌 브랜드들도 AI 기반 캠페인을 실험하고 있다. 코카콜라는 오픈AI와 협력하여 소비자가 직접 DALL · E와 GPT-4를 활용해 광고 이미지를 제작하는 공모전을 열어 참여형 마케팅을 선보였고, 하이네켄은 가상의 맥주 광고를 AI로 제작해 브랜드의 유머와 창의성을 강조했다.

여섯째, 출판과 저널리즘 분야에서 인공지능 에이전트는 반복적이고 데이터 중심적인 보도를 자동화하면서, 기자가 보다 창의적이고 분석적인 영역에 집중할 수 있도록 돕고 있다. 예를 들어, AP(Associated Press)는 워드스미스(Wordsmith)를 활용해 기업 실적 보고서를 자동 기사로 전환하고 있으며, 영국의 국가뉴스통신사인 PA Media의 레이더(RADAR)(Reporters And Data And Robots) 프로젝트는 선거 결과, 범죄 통계, 보건 데이터와 같은 지역 정보를 분석해 수천 건의 기사 초안을 작성한다. 이러한 데이터 중심 자동화와 더불어 새로운 시도도 확산되고 있다. 로이터(Reuters)의 링스 인사이트(Lynx Insight)는 단순 기사 초안을 넘어 데이터에서 중요한 패턴이나 이상 징후를 탐지해 기자에게 스토리 아이디어를 제안하며, 워싱턴포스트의 헬리오그라프(Heliograf)는 올림픽 경기 결과나 선거 실시간 집계처럼 대규모 이벤트 데이터를 빠르게 기사화해 독자에게 제공한다. 또한 블룸버그(Bloomberg)의 사이보그(Cyborg)는 방대한 금융 보고서를 분석해 단 몇 초 만에 초안 기사를 만들어 냄으로써 기자들이 시장 변화에 신속하게 대응할 수 있게 한다. 이처럼 AI는 저널리즘에서 단순히 기사 작성 도구를 넘어, 데이터 분석을 통한 스토리 발굴, 속보 처리, 금융 · 스포츠 같은 전문 영역의 빠른 정보 전달까지 담당하며, 인간 기자는 심층 취재와 맥락적 해석에 집중할 수 있는 협업적 파트너로 자리 잡아가고 있다.

참고문헌

Endemano, M., & Brien, C.(2025, January 10). AI in Creative Industries: Enhancing, rather than replacing, human

creativity in TV and film. AlixPartners.
https://www.alixpartners.com/insights/102jsme/ai-in-creative-industries-enhancing-rather-than-replacing-human-creativity-in/

Futuramo Blog(2025). How AI Is Transforming Creative Work.
https://futuramo.com/blog/how-ai-is-transforming-creative-work/

Monfrais, C.(2025, August 8). The Age of Agency: Why Agentic AI Will Redefine the Future of Work. TechRadar.
https://www.techradar.com/pro/the-age-of-agency-why-agentic-ai-will-redefine-the-future-of-work

OpenAI(2024). A Practical Guide to Building Agents.
https://platform.openai.com/docs/agents

IBM(2025). What are AI agents? IBM Think.
https://www.ibm.com/think/ai-agents

ScriptBook(2020). AI-powered script analysis.
https://scriptbook.io

Refik Anadol Studio(2022). Unsupervised. Museum of Modern Art, New York.

Cleveland Museum of Art(2018). ArtLens Exhibition.
https://www.clevelandart.org/artlens

Associated Press(2015). AP expands earnings stories with automation. https://blog.ap.org

PA Media(2019). RADAR: Reporters And Data And Robots.

06

인간-AI 협력과 증강 지능

인공지능 시대의 교육은 더 이상 지식을 단순히 전달하는 데 머무르지 않는다. 인공지능은 강력한 도구지만, 그 도구를 창의적으로 기획에 활용하려면 '사고하는 능력'—메타 인지, 비판적 사고, 시스템적 사고, 창의력, 그리고 정보 역량—이 뒷받침되어야 한다. 증강 지능은 AI를 통해 인간의 지능과 창의성을 어떻게 확장할 것인가에 대한 핵심 개념이다.

AI와 민주주의?

인공지능 창의성과 인지 능력

인공지능을 활용해 창의적 기획을 하려면 단순히 AI 도구를 사용하는 기술적 능력만으로는 부족하다. 창의적 성과를 이루기 위해서는 AI와 상호작용할 수 있는 인간 고유의 인지 능력이 뒷받침되어야 한다. 이러한 인지 능력은 선천적인 재능이 아니라, 의도적인 훈련과 경험적 축적을 통해 충분히 계발될 수 있다.

인공지능 시대의 창작자는 기술 숙련과 더불어 메타인지 · 비판적 사고 · 시스템적 사고 · 창의적 사고 · 정보 리터러시라는 다섯 가지 핵심 역량을 균형 있게 갖추어야 한다.

우선, 메타 인지(Metacognition)는 자신의 사고 과정을 자각하고 조절하는 능력이다. AI가 산출한 결과는 매혹적이지만 동시에 무작위성과 편향이 포함되어 있다. 이를 무비판적으로 수용할 경우, 기획의 방향이 AI가 제시한 결과물에 종속될 수 있다. 따라서 인간 창작자는 "AI가 왜 이런 결과를 제시했는가?", "이 결과가 내 목표와 어떻게 연결되는가?"를 끊임없이 되물으며 사고의 통제권을 유지해야 한다. 이를 훈련하는 방법으로는 학습 일지 작성, 자기 질문(Self-questioning), AI 결과물 검토 후 반성적 글쓰기 등이 있다. 최근 HCI/디자인 연구는 디자이너들이 AI 제안을 아이디어 보조로 쓰되, 의도-결과 간 간극을 기록/성찰하는 루틴(디자인 로그, 포스트모템)을 병행할 때 품질이 오른다고 보고한다.

둘째, 비판적 사고(Critical Thinking)는 AI가 제공하는 데이터와 아이디어의 신뢰성을 평가하고, 논리적 · 윤리적 기준으로 검토하는 능력이다. 예컨대 AI가 특정 성별이나 지역에 편향된 이미지를 생성했을 때, 이를 걸러내고 새로운 방향으로 수정해야 한다. 실제 사례로, 한 글로벌 광고회사는 퍼사도(Persado) AI 카피 생성기를 활용하던 중 특정 문화권 소비자를 차별하는 뉘앙스를 발견했다. 여러 연구는 LLM 기반 카피가 성별, 연령, 소득 등 민감 속성에 따라 편향된 테마를 띨 수 있음을 보여준다. 따라서 조직 차원의 편향 검토, 가이드라인과 에디토리얼 리뷰가 필수적이다.

셋째, 시스템적 사고(Systems Thinking)는 AI의 분석 결과를 개별적 정보가 아닌 전체 맥락 속에서 해석하는 능력이다. AI가 제시한 데이터 포인트는 표면적으로 유의미해 보이지만, 복잡한 환경의 상호작용을 고려하지 않으면 오해를 낳을 수 있다. 예컨대 도시 계획 프로젝트에서 AI가 교통 패턴만 고려한 설계를 제시한다면, 이는 환경 · 문화 · 사회적 요소를 간과한 결과일 수 있다. 이를 보완하기 위해 마인드맵, 인과 관계 다이어그램, 시뮬레이션 모델링 같은 훈련이 필요하다. 실제로 MIT City Science Data Labs 등은 모빌리티 시뮬레이션과 지역/커뮤니티 데이터를 접목해 효율성 너머의 생활 자료를 반영하려는 연구를 이어오고 있다.

넷째, 창의적 사고(Creative Thinking)는 기존 규칙을 깨고, AI가 제공한 결과를 새로운 방식으로 조합·변형하여 독창성을 창출하는 능력이다. AI는 방대한 데이터에서 패턴을 추출해 새로운 변주를 제안할 수 있지만, 전혀 새로운 맥락과 상징을 부여하는 일은 여전히 인간의 몫이다. 이를 위해 브레인스토밍, 디자인 싱킹 워크숍, 메이커스페이스 실습 등을 활용해 AI와 공동 실험을 반복하는 것이 중요하다. 예를 들어, 한 독립 애니메이션 팀은 미드저니(Midjourney)와 스테이블 디퓨전(Stable Diffusion)으로 생성된 이미지 수천 장을 콜라주 기법으로 재조합하여 전통 수묵화풍의 애니메이션을 제작했다. 이는 단순히 AI가 만든 결과물을 사용하는 것이 아니라, 인간이 AI 산출물을 재맥락화하여 새로운 예술 언어를 창출한 사례다.

다섯째, 정보 리터러시 및 디지털 역량(Information & Digital Literacy)으로 AI 도구를 올바르게 활용하기 위한 기술적 능력과 함께, 데이터의 출처 · 신뢰도 · 윤리적 함의를 평가할 수 있는 통찰을 포함한다. 예컨대 언론사는 GPT 기반 기사 작성 보조 도구를 사용할 때, 단순 속도 향상뿐 아니라 출처 검증 체계를 병행해야 한다. 뉴욕타임스는 2025년 내부 AI 도구(Echo) 도입과 교육 · 가이드 공지를 했다. BBC도 2023~2025년 파일럿/가이드라인을 공개적으로 추진 중이다. 또한, 다양한 AI 플랫폼을 직접 체험하고 비교함으로써 플랫폼별 특성과 한계를 경험적으로 이해하는 것도 중요하다.

인공지능과 인간 지능의 공진화, 증강 지능

인공지능은 단순한 자동화 도구를 넘어 인간의 의사 결정과 창의적 활동을 보조 · 확장하는 수준으로 진화하고 있다. 이러한 변화 속에서 인간과 AI가 상호 보완적으로 진화하는 공진화(co-evolution) 개념이 주목받는다. 이는 AI가 인간을 대체하는 것이 아니라, 인간의 판단 · 직관 · 창의성을 강화하고 보조하는 증강 지능(Augmented Intelligence) 패러다임으로 이어진다. 증강 지능은 AI를 협력적 파트너로 설계해, 인간과 AI가 함께 학습하고 적응하며 새로운 창의적 역량을 구축하는 것을 핵심 원리로 삼는다.

증강 지능의 가장 중요한 원리는 인간 중심 설계(Human-Centered Design)다. 이는 AI가 인간의 결정을 단순히 자동화하는 것이 아니라, 투명하고 직관적인 설명 체계를 제공해 인간의 판단을 보조해야 함을 의미한다. 예컨대 의료 분야에서 AI 진단 시스템은 단순히 결괏값을 출력하는 것이 아니라, 어떤 변수를 근거로 판단했는지와 그 확률적 신뢰도를 제시해야 한다. 의료 AI는 설명 가능성, 신뢰성이 핵심이며, 최근 리뷰들은 XAI가 신뢰와 수용성에 영향을 미칠 수 있음을 보고한다.

공진화의 또 다른 축은 지속적 학습과 상호 적응이다. 인간은 AI의 패턴 분석 능력을 학습해 새로운 인사이트를 얻고, AI는 인간의 피드백을 학습해 모델 성능을 개선한다. 금융 분야의 글로벌 금융사들은 LLM · 강화 학습 · 휴먼 인 더 루프(HITL)를 결합한 의사 결정 보조를 탐색 중이며, JP모건 역시 AI 연구 · 적용을 공개적으로 확대하고 있다.

증강 지능은 창의적 문제 해결의 동반자로 설계된다. 예술과 디자인 분야에서 AI는 방대한 데이터를 기반으로 초기 시안을 제안하고, 인간은 감정적 · 문화적 판단을 결합해 최종 작품을 완성한다. 레픽 아나돌은 LA 월트디즈니 콘서트홀 외벽 프로젝션 'WDCH Dreams'와

'Machine Hallucinations: Satellite' 등에서 아카이브/위성 데이터를 학습해 대형 파사드/데이터 조각으로 시각화했다. 예컨대 AI 이미지 시퀀스를 활용해 만든 단편 〈The Frost〉(2023)처럼, 인간이 선택·편집·연출을 더해 재맥락화할 때 창작 완성도가 높아진다. 이는 AI와 인간이 각자의 강점을 결합하여 독창적 성과를 이루는 공진화 사례다.

교육 분야에서도 증강 지능은 혁신적 가능성을 보여준다. 학습자 데이터와 학습 패턴을 AI가 분석해 개인화된 피드백을 제공하면, 교사는 이를 바탕으로 학습자의 정서적 동기와 맥락적 요인을 고려한 맞춤형 지도를 제공할 수 있다. 실제로 듀오링고(Duolingo)는 AI 기반 학습 최적화 시스템을 도입하여 학습자의 오류 패턴을 분석하고, 교사는 AI 결과를 해석해 학습자의 심리적 동기까지 반영하는 지도를 병행한다.

증강 지능은 단순한 생산성 향상을 넘어, 인간과 AI가 함께 창조하는 새로운 지능의 양식을 지향한다. 과학 연구에서 AI는 수많은 데이터 패턴을 탐색해 잠재적 가설을 제안하고, 과학자는 이 가설의 의미를 해석해 실험 설계로 발전시킨다. 예를 들어 신약 개발 분야에서는 AI가 단백질 구조 데이터를 기반으로 새로운 후보 물질을 예측하고, 연구자는 이를 바탕으로 임상 실험을 설계한다. 이처럼 인간과 AI의 협력적 학습과 공진화 구조는 미래 창의 산업과 지식 생산의 패러다임을 근본적으로 바꾸어 가고 있다.

참고문헌

김진형(2020). 《AI최강의 수업》. 매일경제신문사

Dillon, D.(2024.02.29). BBC advances Generative AI integration with focus on responsibility and innovation. https://www.newscaststudio.com/2024/02/29/bbc-advances-generative-ai-integration-with-focus-on-responsibility-and-innovation

Davenport, T. H. & Kirby, J.(2016). *Only Humans Need Apply: Winners and Losers in the Age of Smart Machines.* Harper Business.

Weatherbed, J.(2025.09.01).The New York Times adopts AI tools in the newsroom https://www.theverge.com/news/613989/new-york-times-internal-ai-tools-echo

Luckin, R.(2018). *Machine Learning and Human Intelligence: The Future of Education for the 21st Century.* UCL IOE Press.

OECD(2021). AI and the Future of Skills, Volume 1: Capabilities and Assessments, Educational Research and Innovation, OECD Publishing, Paris, https://doi.org/10.1787/5ee71f34-en.

Shneiderman, B.(2022). *Human-Centered AI.* Oxford University Press.

07
윤리와 저작권의 도전

알고리즘 투명성, 정기 감사, 윤리 가이드라인이 필수적이다. 또한 데이터 경제에서 빅테크의 독점을 방지하고, 개인과 기업, 국가가 모두 이익을 공유할 수 있는 데이터 주권과 가치 분배에 대한 사회적 합의가 필요하다. 현재 저작권법은 인간과 AI가 협력한 결과물의 권리 귀속 문제, 프롬프트 입력 등 창작 기여도의 인정 범위가 명확치 않다. AI 창작물의 경제적 가치를 공정하게 분배하기 위한 새로운 법적 기준과 제도 개혁이 요구된다.

AI와 애니메이션?

AI 창작물 소유권과 저작권 제도의 과제

현재 저작권법은 '인간 창작자'를 전제로 설계되어 있다. 따라서 AI가 독립적으로 생성한 작품은 대부분 법적 보호 대상에서 제외된다. 하지만 최근 생성형 AI 기술의 발전으로 인해, 인간과 AI가 협력해 만들어 낸 결과물이 창작물의 새로운 유형으로 등장하고 있으며, 이에 따른 권리 귀속 문제는 더욱 복잡해지고 있다. 예를 들어, 사용자가 간단한 프롬프트를 입력했을 때, AI가 만들어 낸 이미지 · 음악 · 문학 작품의 소유권을 누구에게 돌려야 하는지, 그리고 입력한 프롬프트가 창작적 기여로 인정될 수 있는지에 대한 논의가 활발하다. 이처럼 법적 공백은 AI 창작물의 경제적 가치 분배, 저작권 보호 범위, 이용자 권리 등 다양한 과제를 낳고 있으며, 국제적 기준 정립과 제도 개혁이 시급한 상황이다.

주요 논의 쟁점에는 저작권 보호 기간 조정, 데이터 이용 투명성, 이용자 '옵트 아웃' 권리 보장 등이 있다. 이는 단순히 법률적 기술 문제가 아니라, 지식재산권 체계 전반의 혁신과 사회적 합의가 필요한 영역이다.

첫째 쟁점인 저작권 보호 기간 조정을 살펴보자. 저작권 보호 기간은 창작자가 만든 저작물이 법적으로 독점권을 보장받는 기간을 말한다. 국제 최소 기준은 생존

+50년(Berne)이며, 미국 · EU 등 다수 국가는 생존+70년을 채택한다. 미국의 고용에 의한 저작물은 공표 후 95년 또는 창작 후 120년(단축되는 쪽)이 적용된다. 만약 A 작가가 2000년에 소설을 발표하고 2030년에 사망했다면 "생존+50년" 규정에 따라 2080년 말까지 보호되고 2081년 1월 1일부터는 퍼블릭 도메인으로 들어가 누구나 자유롭게 이용할 수 있게 된다.

하지만 인공지능이 창작 과정에 개입하면서 새로운 문제가 발생한다. AI는 인간처럼 '생존 기간'을 가질 수 없기 때문에, 기존 규정을 그대로 적용하기 어렵다. 또한 AI가 생성한 방대한 작품들이 장기간 보호된다면, 오히려 창작물의 공유와 재활용을 막아 사회 전체의 창의적 순환을 방해할 수 있다. 예를 들어, 미국 저작권청은 AI 단독 생성물은 보호 불가, 다만 인간의 창작적 기여가 명확한 부분은 보호 가능하다는 지침을 2023년에 발표했다. 그러나 인간이 구체적 지시를 통해 AI 결과물에 창의적 기여를 한 경우, 그 범위 내에서는 저작권을 인정할 수 있다는 유보적 입장을 취했다. 반면, 중국과 영국 일부 학계에서는 AI 창작물도 일정 조건하에 저작권 보호 대상이 될 수 있다는 새로운 법안 초안을 검토 중이다. 영국은 CDPA s.9(3)에 따라 컴퓨터 생성 저작물(인간

저자 없는 경우)에 50년 보호를 부여한다. 중국은 베이징인터넷법원(2023) 판결 등에서 사안별로 AI 이미지의 저작권성을 인정한 사례가 보고되었다.

따라서 앞으로는 창작 주체(인간, AI, 협업 모델)에 따라 보호 기간을 차별적으로 적용하는 방안, 혹은 특정 산업군(예: 게임 · 광고 · 저널리즘)에 맞춘 보호 기간 조정이 필요하다. 장기적으로는 국제 협약을 통한 공통 기준 수립이 불가피하다.

둘째 쟁점인 데이터 이용 투명성을 살펴보자. 데이터 이용 투명성은 기업 · 기관 · AI가 수집, 처리, 분석, 저장하는 데이터의 흐름과 목적, 방법 등을 명확하게 공개하는 원칙이다. 생성형 AI는 막대한 텍스트, 이미지, 음악 데이터를 학습해야 하지만, 이 과정에서 사용된 데이터의 출처가 불분명한 경우가 많다. 예컨대, 아티스트의 그림이나 사진, 작곡가의 음악이 무단으로 학습 데이터에 포함되었다면 이는 저작권 침해 가능성이 있다. 이 문제를 해결하기 위해서는 기업과 기관이 수집 · 활용하는 데이터의 흐름을 명확하게 공개해야 한다.

어떤 데이터가 수집되었는지,

누구의 데이터인지,

어떤 방식으로 활용되는지,
개인의 데이터가 삭제 · 수정 가능한지,
제3자와 공유 여부는 어떠한지, 이 모든 과정을 투명하게 밝혀야 한다.

유럽연합(EU)이 2024년 발표한 AI 법안(EU AI Act)은 고위험 AI에 데이터 거버넌스와 품질 요건을 부과하고(Art. 10), GPAI 제공자에게는 훈련 콘텐츠 '상세 요약' 공개(Art. 53(1)(d))를 의무화했다(2025년 템플릿 공표). 또한 오픈AI와 같은 기업도 학습 데이터 공개와 저작권 처리 절차에 대한 사회적 요구를 강하게 받고 있다. 데이터 투명성은 단순히 윤리적 요구가 아니라, AI 서비스 신뢰성을 담보하는 핵심 조건이다. 기업이 이를 충족하지 못한다면, 사회적 신뢰 붕괴와 법적 분쟁 증가라는 심각한 결과를 맞게 된다.

셋째 쟁점은 이용자 '옵트 아웃(Opt-Out)' 권리다. AI 시대의 개인정보 보호에서 가장 중요한 원칙 중 하나는 이용자의 '옵트 아웃(Opt-Out)' 권리다. 이는 개인이 원치 않을 경우 언제든 자신의 데이터 수집 · 이용 · 판매를 거부할 수 있는 권리를 말한다. 예를 들어, 광고 플랫폼이 사용자의 검색 기록과 클릭 데이터를 활용해 맞춤형 광고를 제공하려 할 때, 사용자는 "내 데이터를 더 이상 활용하지 말라"는 의사를 명확히 전달할 수 있어야 한다. 이는 단순한 '구독 취소' 수준을 넘어, 타깃 광고, 프로파일링, 자동 의사 결정 전반에 적용된다.

실제 사례로, 유럽 GDPR(일반개인정보보호규정)과 미국 CCPA(캘리포니아 소비자 프라이버시법)는 각각 프로파일링 · 판매/공유 옵트아웃을 보장한다. 실무에선 GPTBot/Google-Extended 차단과 플랫폼별 학습 제외 설정(OpenAI 계정 설정, Adobe Content Credentials 'Do Not Train' 등)을 병행하는 방식이 쓰인다. 이 규정에 따라 기업은 웹사이트, 이메일, 앱 환경에서 '개인정보 처리 거부' 버튼을 눈에 띄게 배치하고, 사용자가 요청할 경우 즉시 이행해야 한다. AI 창작물과 관련해서도 옵트 아웃 권리는 중요한 의미를 가진다. 예를 들어, 아티스트가 자신의 작품을 AI 학습 데이터에 포함시키는 것을 원하지 않을 경우, 법적으로 이를 거부할 수 있어야 한다. 최근 Adobe, Stability AI, OpenAI 등은 저작자에게 데이터 학습 거부권을 제공하는 절차를 도입하기 시작했는데, 이는 앞으로 국제적 표준이 될 가능성이 크다.

AI 윤리, 알고리즘 편향, 공정한 데이터 활용

AI 알고리즘은 데이터 편향, 설계자의 주관, 학습 데이터 불균형 등으로 인해 차별적 결과를 만들 수 있다. 특히 의료 · 금융 · 법 집행 분야에서 이런 편향이 강화되면, 사회적 불평등을 심화시키는 심각한 위험이 발생한다. 이를 방지하기 위해서는 알고리즘 투명성 확보, 정기적 감사, 윤리 가이드라인 수립이 필수적이다. 또한 데이터 경제가 확대되는 상황에서, 빅테크 기업이 데이터를 독점해 사회적 불균형을 확대하는 것을 막고, 개인 · 기업 · 국가가 모두 공정하게 데이터 가치를 공유할 수 있도록 사회적 합의가 필요하다.

AI의 사회적 불평등을 심화시키는 위험과 해결 방안을 보면, 알고리즘 편향의 위험 인식이 중요하다. AI 편향은 데이터 불균형에서 비롯된다. 예컨대, 의료 AI가 주로 서구인의 데이터를 학습했다면, 아시아인이나 아프리카인의 질병 패턴을 제대로 진단하지 못할 수 있다. 실제로 미국에서 사용된 일부 건강보험 AI는 흑인 환자의 의료 필요성을 과소평가하여 논란이 된 바 있다. 법 집행 영역에서도 마찬가지다. 미국 경찰이 활용한 얼굴 인식 AI는 아시아계와 흑인 인물에서 높은 오류율을 보였고, 이로 인해 무고한 시민이 잘못 체포되는 사건이 발생했다. 이는 기술적 결함이 단순 실수를 넘어 인권 침해로 이어질 수 있음을 보여준다.

알고리즘 투명성과 감사로 위험성을 예방하는 것이 중요하다. 알고리즘의 '블랙박스'를 최소화하고, 의사 결정 과정을 설명할 수 있는 설명 가능한 AI(XAI) 체계를 구축해야 한다. 금융 대출 심사 AI가 고객의 대출 거절 여부를 판단할 때, 단순히 '거절'이라고 통보하는 것이 아니라, 소득, 직업, 신용 점수 등 어떤 요소가 영향을 미쳤는지를 투명하게 밝혀야 한다. 또한 기업과 기관은 AI 시스템에 대한 정기 감사(AI Audit)를 의무적으로 시행해야 한다. 이는 데이터 세트 검증, 알고리즘 업데이트 검토, 차별 발생 여부 점검을 포함한다. 영국 정부는 이미 일부 공공 서비스 AI에 대해 독립 감사 기구의 검증을 도입했으며, 유럽연합 역시 '신뢰할 수 있는 AI' 프레임워크를 발표한 상태다.

공정한 데이터 활용과 데이터 주권이 중요하다. AI 시대의 핵심 자원은 데이터다. 그러나 현재는 소수의 빅테크 기업이 데이터를 독점해 막대한 경제적 이익을 얻고 있으며, 개인과 중소기업은 데이터 활용에서 소외되고 있다. 이를 방지하기 위해 데이터 주권(Data Sovereignty) 개념이 등장했다. 데이터 주권은 개인이 자신의 데이터에 대한 소유와 통제권을 가지며, 기업은 데이터를 활용할 때 공정하게 대가를 지불해야 한다는 원칙이다. 사례로는 에스토니아의 전자정부 모델을 들 수 있다. 에스토니아는 국민이 자신의 데이터 접근 · 활용 이력을 실시간으로 확인하고, 언제든 활용을 거부할 수 있는 시스템을 운영하고 있다. 이는 개인 데이터 주권을 제도적으로 보장하는 모범적 사례다.

AI 창작물의 경우에도 공정한 데이터 활용 원칙은 중요하다. 아티스트가 자신의 작품을 AI 학습에 제공했다면, 그에 상응하는 보상을 받아야 한다. 현재 일부 기업은 '데이터 라이선스 마켓플레이스(data license marketplace)'를 실험하고 있는데, 이는 장기적으로 창작자, 기업, 사회가 모두 이익을 공유하는 모델이 될 수 있다.

데이터 라이선스 마켓플레이스는 AI 개발자와 콘텐츠 권리 소유자가 창작물의 이용 조건을 명확히 규정하고, 금전적으로 교환할 수 있는 중앙화된 플랫폼을 의미한다. 이러한 플랫폼은 다음과 같은 기능을 제공한다.

투명한 데이터 흐름: 어떤 데이터가 수집되고 어떻게 활용되는지 명확하게 공개된다.

공정한 보상 구조: 창작자는 자신의 작품이 AI 학습에 사용될 때 적절한 보상을 받는다.

사용자 선택권: 창작자는 자신의 작품이 AI 학습에 사용되는 것을 허용하거나 거부할 수 있는 권리를 가진다.

콘텐츠 제공자 보상을 위해 빌 그로스(Bill Gross)가 창립한 프로라타(ProRata)는 '사용량 기반 AI 요금제(AI Pay-Per-Use)' 모델을 통해 AI 기업이 창작자의 콘텐츠를 사용할 때마다 보상을 지급하는 시스템을 도입했다. 와이어스톡(Wirestock)은 사진 작가와 아티스트가 자신의 작품을 AI 학습에 제공하고 그에 대한 보상을 받을 수 있는 플랫폼을 운영하고 있다(크리에이터-AI랩 라이선싱). 스태빌리티 AI(Stability AI)는 "옵트인(opt-in)과 라이선스 보상"을 표방하고 있다. 이는 기존에 암묵적으로 또는 무허가 방식으로 학습 데이터를 확보하던 관행에서 벗어나, 창작자들이 자신의 작품을 자발적으로 선택하여 모델 학습에 허락하거나 라이선스를 하고, 그 대가로 보상을 받는 방식으로 전환하려는 방법이다. 그러나 아직 구체안은 미완성 상태고, 구현과 현실화에는 여러 난제가 남아 있다. 2024년 6월 이후 CEO로 선임된 프렘

아카라주(Prem Akkaraju)가 이 방향을 재정비하면서, "창작자 보호 및 보상 체계 구축" 쪽으로 제안의 톤이 바뀌고 있다. 제안 방향과 한계는 다음과 같다.

옵트인(opt-in) 기반: 창작자가 자신의 작품을 AI 학습용으로 제공하겠다고 자발적으로 선택할 수 있도록 함. 아직 완전 구현된 시스템은 아니며, 내부 개발 단계.

라이선스 계약과 보상 지급: 창작자가 허락한 작품이 AI 학습에 쓰이면, 이에 상응하는 보상(라이선스료 등)을 지급함. 보상 방식(정액인지 비율인지), 분배 구조, 추적 방법 등 구체 방안은 확정되지 않음.

저작물 식별/지문(fingerprinting) 기술 활용: AI가 어떤 창작자의 데이터가 활용되었는지를 추적하려면, 저작물을 인지 · 식별할 기술이 필수. 음악 분야의 Shazam 스타일 식별 기술이 예로 언급됨. 아직 시험 단계 또는 구상 중이며 기술적 · 운영적 난제 많음.

시장/포털 구조: 아티스트용 마켓플레이스(portal) 형태로 창작자가 자신의 작품을 업로드하고, 이용 허락 여부를 설정할 수 있는 인터페이스 제공함. 구현 중이라는 보도가 많고, 실제 출시 여부나 범위는 아직 불확실함.

과거 사용 라이선스 정산 또는 보상 협상 작물 식별/지문(fingerprinting) 기술 활용: 이미 무허가로 사용된 자료에 대해서도 사후 정산 또는 합의 가능성을 염두에 둠. 아직 법률 리스크/소송 관점에서 타협이 쉽지 않은 상태.

참고문헌

유성희·서효중(2025). AI 학습데이터와 개인정보 권리의 경계: 에이닷 사례를 중심으로. 시민사회와 NGO, 23(1), 31~60. https://journal.kci.go.kr/civil%26NGO/archive/articlePdf?artiId=ART003207194

Lee, E. S., et al.(2024). 생성형 AI 저작권 침해사례 분석 및 고찰. 한국과학기술정보연구원(KISTI) 보고서. https://koreascience.kr/article/JAKO202403543202577.pdf

Bertolini, J., et al.(2024, September). Copyright and generative AI. In Sustainable cultural futures: Digitalisation of culture (Case study 2). King's College London. https://sustainableculturalfutures.weebly.com/uploads/1/4/5/1/145123948/scf_report_-_copyright_and_generative_ai_-_ver_3.pdf

08
인공지능 창의성과 신뢰, 인간 감독의 중요성

21세기 창작과 기획의 현장은 인공지능의 급속한 확산으로 근본적 변화를 겪고 있다. AI는 방대한 데이터 분석과 새로운 아이디어 생산을 통해 인간의 창의적 능력을 확장시키지만, 동시에 오류, 편향, 환각(Hallucination) 등 불확실성과 위험성을 동반한다. 이러한 환경에서 창의성을 유지하고 사회적 신뢰를 확보하려면, 법적 · 윤리적 기준과 인간 감독이라는 두 축이 반드시 필요하다.

AI와 인재 채용?

AI 환각(Hallucination) 현상과 왜곡

AI 환각(Hallucination) 현상은 인공지능이 실제 근거가 없는 정보나 사실처럼 보이는 내용을 생성하는 현상을 의미한다. 대규모 언어 모델(LLM)이나 생성형 AI는 방대한 데이터 학습을 기반으로 문장을 생성하지만, 학습 데이터의 불완전성, 노이즈, 통계적 추정 과정의 한계로 인해 '그럴듯한 허구'를 만들어 내는 경우가 있다. 이러한 환각은 단순한 오류와 달리, 신뢰 가능한 정보처럼 제시되어 사용자가 쉽게 사실로 오인할 수 있다는 점에서 사회적 · 법적 위험을 내포한다.

AI 환각(Hallucination)은 단순한 오류가 아니라 정확한 출처 없이도 그럴듯하게 서술되는 정보라는 점에서 심각한 위험을 내포한다. 또한 언어적 정교함 즉, 문장 구조, 전문 용어, 통계 수치 등을 자연스럽게 조합해, 전문가조차 진위를 판단하기 어렵게 만든다. 법률, 의료, 과학, 저널리즘 등 다양한 영역에서 잘못된 정보가 사실처럼 활용될 수 있다.

법률 분야에서 예를 들어, 2023년 미국 뉴욕의 한 변호사가 ChatGPT를 활용해 법원 제출 문서를 작성하면서, 존재하지 않는 판례와 법률 근거를 그대로 인용한 사건이 발생했다[사건명 Mata v. Avianca, Inc., (2023)].

문서는 전문적인 법률 용어로 작성되어 변호사조차 진위를 즉시 판단하지 못했고, 법적 제재를 받았다. 이 사건은 AI 환각이 법적 책임과 직접 연결될 수 있음을 보여주었다.

언론 분야에서 AI 환각은 여러 차례 문제를 일으켰다. 2025년 시카고 선 타임즈(Chicago Sun-Times)는 여름 추천 도서 목록을 AI로 작성했다가 존재하지 않는 책 제목과 가짜 전문가 이름이 포함된 사실이 드러나 기사를 철회했다. AI 뉴스 서비스 Perplexity는 실제 언론 기사에 허구의 문단을 덧붙여 제공했다는 이유로 언론사들로부터 소송을 당했다. 또한 2024년 알래스카 교육부가 배포한 정책 문서에서는 AI가 생성한 가짜 학술 인용이 포함되어 논란이 되었으며, CNET은 AI 자동 기사 작성 도구로 생산한 수십 건의 기사에서 오류가 대거 발견되어 정정을 발표했다. 독일에서는 한 언론인이 자신의 이름을 AI에 입력했을 때 허위의 성범죄 이력이 기사체로 생성되는 피해를 입기도 했다. 이러한 사례들은 언론 영역에서 AI 환각이 단순 오류를 넘어 신뢰도와 명예에 직접적 피해를 줄 수 있음을 보여준다.

의료 분야에서도 AI 환각은 심각한 문제를 야기한다. 미국의학회 산하에서 발행하는 이비인후과와 두경부외과 분야의 국제학술지인 JAMA Otolaryngology에 2024년 머리와 목 수술(Head & Neck Surgery)에 보고된 사례에서는 의료 상담 맥락에서 AI 챗봇이 실제로 존재하지 않는 정보를 생성한 것이 확인되었다. 또 다른 연구에서는 의료 AI 챗봇이 인용한 참고문헌 중 60% 이상이 무관하거나 허구로 판명되어, 환자와 의사 모두가 잘못된 정보에 노출될 수 있음을 보여주었다. 구글의 AI 챗봇이 건강 관련 증거를 허구로 제시했다가 뒤늦게 스스로 일부를 수정한 사례 역시 보고된 바 있다. 이처럼 존재하지 않는 논문이나 치료법을 사실처럼 제시하는 환각 현상은 환자의 오진과 치료 오남용으로 이어질 위험이 크며, 의료 현장에서 전문가의 검증과 교차 확인 절차가 반드시 병행되어야 한다.

환각 현상을 줄이기 위해서는 첫째, 출처 검증이 필수적이다. AI가 제공한 정보의 근거와 출처를 확인하고, 필요시 전문 데이터베이스나 문헌과 교차 검증해야 한다.

둘째, 비판적 사고를 통해 재확인해야 한다. 사용자가 AI 결과물을 무비판적으로 수용하지 않고, 논리적 · 현실적 타당성을 검토할 필요가 있다.

셋째, 인간 전문가의 최종 검수가 필수적이다. 법률, 의료, 과학 등 전문 분야에서는 인간 전문가가 최종 검증을 수행하여 오류와 환각을 걸러내야 한다. 환각은 기술적 결함에 그치지 않고 정보 신뢰성, 법적 책임, 사회적 신뢰와 직결된다. 따라서 AI 시스템을 활용하는 모든 영역에서, '그럴듯하지만 사실이 아닌 정보'에 대한 경각심과 검증 체계 구축이 필수적이다(Bender et al., 2021).

AI 편향과 오류: 신뢰할 수 있는 창의성을 위한 비판적 평가

AI 편향(Bias)과 오류(Error)는 학습 데이터와 알고리즘 설계에서 비롯되며, 결과물에 차별적 · 왜곡된 패턴을 반영할 수 있다. 이는 단순한 기술적 문제를 넘어, 사회적 불평등과 창작 신뢰성에 영향을 미친다.

AI 편향의 대표적 유형은 다음과 같다. 첫째, 데이터 편향이다. 특정 인종, 성별, 지역, 문화가 과대 표집 또는 과소 표집 되어 모델에 반영될 경우, 생성물이나 인식 결과가 불공정하게 나타난다. 예를 들어, 얼굴 인식 AI는 아프리카계 및 아시아계 인물에서 오인식률이 높게 나타나며, 특정 성별을 과소 · 과대 평가하는 경우가 보고된다(Bolukbasi et al., 2016).

둘째, 알고리즘 편향이다. 학습 과정에서 설계자가 선택한 손실 함수, 가중치, 평가 지표 등이 특정 집단에 불리하게 작용할 수 있다.

셋째, 출력 편향이다. 뉴스 요약, 추천, 창작물 생성에서 특정 정치적 · 문화적 시각이나 언어 스타일만 강조되어 다양성이 결핍된다.

얼굴 인식 AI는 특정 인종에서 오인식률이 높게 나타나고, 뉴스 요약이나 추천 알고리즘은 정치적 성향을 편향적으로 반영할 수 있으며, 창작물 생성에서는 특정 문화 · 성별 · 언어 관점만 강조되어 다양성이 결핍되기도 한다.

AI 편향과 오류 관리

AI 편향과 오류는 학습 데이터와 알고리즘 설계 과정에서 비롯되며, 신뢰할 수 있는 창의적 결과물의 생산을 저해할 수 있다. 따라서 이를 최소화하고 안전하게 활용하기 위해서는 체계적인 방법론적 접근이 필수적이다. 아래에서는 네 가지 핵심 전략과 구체적 실행 방법을 제시한다(Bolukbasi et al., 2016; Mehrabi et al., 2019).

AI 모델의 산출물은 학습 데이터에 크게 의존한다. 따라서 첫 단계는 데이터의 출처, 품질, 다양성을 검증하는 것이다.

데이터 출처 점검: 데이터가 공신력 있는 출처에서 확보되었는지 확인한다. 뉴스, 논문, 공식 통계 등 신뢰 가능한 소스 위주로 선별.

데이터 다양성 분석: 인종, 성별, 문화, 지역, 언어 등 다양한 속성을 포함하도록 데이터 분포를 분석하고, 편향이 발견될 경우 보완 데이터를 추가한다.

데이터 라벨링 검증: 이미지 · 텍스트 라벨의 정확성을 검수하고, 주관적 판단이 개입된 라벨링의 경우 교차 검증을 실시한다.

두 번째 단계는 비판적 평가(Critical Evaluation)다. AI 결과물을 단순히 수용하는 것이 아니라, 논리적 · 사회적 · 문화적 관점에서 검증하는 과정이 필요하다(Raji et al., 2020).

출력 내용 검증: AI가 생성한 정보의 사실 여부, 출처, 근거를 확인한다. 데이터 기반 추정치와 실제 상황을 비교 검토.

문화 · 사회적 타당성 평가: 결과물이 특정 집단에 불리하게 작용하지 않는지, 문화적 편향이 포함되지 않았는지 점검한다.

상호 검증: 다수 전문가가 산출물을 검토하고, 논리적 일관성과 사실 기반 정확성을 확인하는 절차를 마련한다.

세 번째 단계는 피드백 루프 설계다. 편향과 오류를 발견했을 때, 이를 모델 개선에 반영하는 지속적 학습 체계가 필요하다(Mehrabi et al., 2019).

사용자 피드백 수집: 창작자, 연구자, 일반 사용자가 AI 결과물의 오류나 편향을 신고할 수 있는 인터페이스 제공.

모델 재학습(Re-training): 발견된 오류와 편향 데이터를 추가하여 모델을 재학습함으로써 성능을 개선.

버전 관리 및 검증: 모델 변경 시, 이전 결과물과 비교 평가하여 편향 완화 효과를 검증한다.

네 번째 단계는 사용자 교육 및 역량 강화가 필요하다. AI 편향과 오류를 관리하는 것은 기술적 접근만으로 충분하지 않다. 사용자가 AI 의사 결정 과정을 이해하고, 검증 · 평가할 수 있는 능력을 갖추는 것이 중요하다.

AI 이해 교육: 모델 구조, 학습 원리, 한계 및 오류 유형을 학습한다.

검증 훈련: AI 산출물의 사실 여부, 논리적 일관성, 사회적 타당성을 검증하는 실습 반복.

비판적 사고 강화: 편향과 오류 사례를 분석하고, 의사 결정 과정에서 어떤 판단 기준을 적용할지 체계적으로 학습.

AI 편향과 오류를 관리하지 않으면, 창의적 기획과 산업적 활용에서 질 낮은 산출물이 반복될 뿐 아니라 사회적 신뢰 훼손, 법적 · 윤리적 책임 문제로 이어질 수 있다(Raji et al., 2020). 반대로 체계적 방법론을 적용하면, AI는 단순한 자동화 도구를 넘어 신뢰할 수 있는 창의적 파트너로 기능할 수 있다. 데이터 검증, 비판적 평가, 피드백 루프 설계, 사용자 교육은 상호 보완적 전략으로, AI의 잠재력을 안전하게 확장하고 인간-AI 협업에서 발생할 수 있는 위험을 최소화하는 핵심 원칙이다.

참고문헌

Bender, E. M., et al.(2021). On the Dangers of Stochastic Parrots: Can Language Models Be Too Big?. *Proceedings of the 2021 ACM Conference on Fairness, Accountability, and Transparency(FAccT)*, pp.610~623. ACM.

Bolukbasi, T., et al.(2016). Man is to Computer Programmer as Woman is to Homemaker? Debiasing Word Embeddings. *Advances in Neural Information Processing Systems,*(Vol. 29).

Colasacco, C. J, & Born, H. L.(2024). A Case of Artificial Intelligence Chatbot Hallucination. *JAMA Otolaryngol Head Neck Surg. 150*(6):457~458. doi:10.1001/jamaoto.2024.0428

Mehrabi, N., et al.(2019). A Survey on Bias and Fairness in Machine Learning. *ACM Computing Surveys, 54*(6), 1~35.

Raji, I. D., et al.(2020). Closing the AI Accountability Gap: Defining an End-to-End Framework for Internal Algorithmic Auditing. In Proceedings of the 2020 Conference on Fairness.

09
Co-Creation, 증폭기, 조력자로서의 AI

AI는 창작의 종말을 가져오는 것이 아니라, 새로운 창작 생태계를 열고 있다. 다만 AI의 창의성은 인간의 의도 · 데이터 · 맥락에 의해 촉발된다. 결국 핵심은 기술이 아니라 인간이 무엇을, 어떻게, 왜 창작하려 하는가다. 앞으로의 과제는 윤리적 기준 확립, 저작권 보호, 창작 주체성 유지를 병행하며, AI를 단순한 도구가 아닌 창의적 동반자로 길러 내는 것이다.

AI와 기자?

창작의 경계가 무너지는 시대

"이건 AI가 만든 작품인가, 사람이 만든 건가?" 이 질문은 더 이상 단순한 호기심 차원의 문제가 아니다. 이는 곧 창작의 본질과 주체를 묻는 철학적 질문이 되었으며, 예술 철학 · 미학 · 미디어 연구 전반에서 중요한 논의 주제로 자리 잡고 있다. AI의 등장은 회화, 조각, 디자인, 문학, 음악 작곡, 영화 편집, 게임 제작, 심지어 과학적 실험 설계까지, 인간의 창의적 활동 전반에 영향을 미치고 있다. 과거 창작의 범주는 인간 행위에 의해 정의되었지만, 이제는 AI가 '창작의 주체'로 간주될 수 있는가, 혹은 '도구적 조력자'로 머물 것인가를 두고 격렬한 논의가 진행 중이다. 그러나 주목해야 할 지점은 '누가 만들었는가?'라는 질문에서 '어떻게 만들었는가?', 그리고 '무엇을 위해 만들었는가?'라는 질문으로 초점이 이동하고 있다는 사실이다(Kehler et al., 2025). 창작의 윤리와 사회적 가치, 그리고 산출물의 맥락적 의미가 그 어느 때보다 중요해지고 있다.

오늘날 인간과 AI의 협업은 단순한 도구 사용을 넘어선 공동 창작(Co-Creation)의 단계에 들어섰다.

레픽 아나돌의 미디어 아트: 아나돌은 LA 필의 아카이브/

도시 · 우주 데이터 등을 학습한 모델로 WDCH Dreams(LA Phil, 2018) 및 머신 할루시네이션(Machine Hallucinations) 시리즈를 선보이며, 데이터 · 알고리즘을 협업적 창작 도구로 활용했다. 그는 AI를 단순한 붓이 아니라 '함께 사고하는 동료'로 간주하며, 창작 주체성을 확장한다.

음악 창작의 새로운 생태계: 가수 그라임스(Grimes)는 자신의 목소리와 스타일을 AI 모델에 학습시켜 누구나 그녀의 음색을 활용한 음악을 만들 수 있도록 공개했다. 또한 Elf.Tech를 통해 자신의 보컬 라이선스를 공개하고, 상업적 이용 시 수익 50% 공유를 제안했다. 이는 저작권 · 창작자 권리 문제와 맞닿아 논쟁을 불러일으켰지만, 동시에 AI를 '공동 작곡가'로 활용한 새로운 창작 생태계의 가능성을 열었다. 음악 창작이 특정 전문가 집단에 한정되지 않고, 팬 · 아마추어 · 협업자에게 개방되는 순간이었다.

BBC의 스포츠 하이라이트 제작: 미디어 · 콘텐츠 제작에서도 협업은 활발하다. 스포츠 중계 분야에선 윔블던이 IBM과 협력해 하이라이트 영상에 생성 AI 해설을 적용(2023)하고, 2024년엔 AI가 생성한 선수 스토리와 분석 카드, 'Catch Me Up'을 공식 서비스했다(인간 편집진이 감독).

이는 대규모 영상 · 데이터에서 초벌 분류 · 요약을 AI가 맡고 최종 내러티브/품질 보정은 사람이 수행하는 역할 분담을 보여준다. 이 과정에서 AI는 '편집 조수'이자 '아이디어 발굴자'의 역할을 수행한다. 이를 통해 제작 속도와 효율성을 극대화하면서도 인간 편집자의 창의적 스토리텔링 감각을 보존한다.

이러한 사례들은 기술의 위상이 보조적 도구에서 '설계와 창작의 동반자'로 진화했음을 보여준다. 생성형 AI(Generative AI)는 단순히 지시받은 작업을 실행하는 것이 아니라, 문제 정의, 아이디어 제안, 새로운 시도의 탐색을 스스로 수행할 수 있는 단계로 나아가고 있다. 이는 창작 행위에 대한 기존의 경계－인간 대 기술, 주체 대 도구－를 무너뜨리고 있다.

창의성 증폭 모델

AI는 인간의 창의성을 대체하기보다, 오히려 인간의 능력을 증폭하는 방식으로 작동한다. 이를 창의성 증폭(Amplification) 모델이라고 부른다. 이는 확대경이 작은 글씨를 선명하게 보여주듯, AI가 인간의 상상력 · 기술 · 표현력을 극대화하는 원리다. 창의성 연구에서도 인간-AI 협업이 개인적 창의성에서 집단·사회적 창의성으로 확장되는 경향이 보고된다. Academy of Management Proceedings의 심포지엄 발표(2024)와 최근 아카이브 논문들은 협업 설계에 따라 품질·만족·다양성이 달라진다고 보고한다.

창의성 증폭 모델의 작동 방식은 다음과 같다.

탐색(Exploration): 인간이 접근하기 어려운 방대한 데이터와 패턴을 탐색한다. AI는 인간의 인지 한계를 넘어선 규모와 속도로 아이디어 후보군을 제시한다. 예를 들면, 패션 디자이너는 AI에게 수백 년간의 패션 트렌드 데이터를 학습시켜 미래 시즌의 색상·소재 조합을 예측받는다. 인간 디자이너가 직접 탐색하기 힘든 패턴과 문화적 변주가 드러난다.

변형(Variation): 하나의 아이디어를 다양한 방식으로 변형해 새로운 가능성을 탐색한다. 사례를 보면, 게임 개발자는 AI를 활용해 동일한 캐릭터 설정에서 수백 가지 표정·움직임을 자동 생성한다. 이 변형을 토대로 개발자는 가장 적합한 스타일을 선택해 완성도를 높인다.

통합(Synthesis): 서로 다른 영역의 개념을 융합해 독창적인 결과물을 만든다. 사례를 보면, 생명과학 연구에서 AI는 화학적 데이터와 예술적 패턴을 통합 분석해 새로운 단백질 구조의 가능성을 제시한다. 이는 과학적 발견과 예술적 상상력이 교차하는 창의적 결과물이다.

AI가 창의성을 증폭하는 방식은 '창의성의 주체'를 재정의하게 만든다. 기존의 창의성 연구가 개인적 천재성(P-creativity)에 집중했다면, AI와 협업하는 시대에는 사회적 · 집단적 차원(H-creativity)이 부각된다. 이는 창작자가 AI와의 상호작용 속에서 '창의성의 조율자'로 자리매김하게 되는 패러다임 전환을 의미한다(Baer et al., 2024).

창작자의 새로운 역할

AI가 창의성을 증폭하는 도구이자 동반자로 자리 잡으면서 인간 창작자의 역할도 근본적으로 변화한다. 인공지능은 창작의 도구일 뿐 아니라 새로운 협업의 파트너로 자리매김하고 있다. 이에 따라 창작자의 역할은 단순한 산출자의 위치를 넘어 큐레이터(curator), 해석자(interpreter), 설계자(designer)로 확장된다.

실제로 디자이너는 색상 팔레트를 고민할 때 AI에게

수천 개의 조합을 제안받아 창의적 폭을 넓힌다. 소설가는 AI에게 플롯 아이디어를 요청해 작가적 상상력의 새로운 방향을 얻는다. AI의 창의성 증폭 기능이 본격화되면, 창작자와 전문가의 역할은 '오케스트라 지휘자'로 변화한다. 모든 작업을 직접 하는 대신, AI · 인간 · 기술을 조율하는 역량이 중요해진다. 또한 아이디어 큐레이터로 역할 한다. 무수한 가능성 중 의미 있는 것을 선별 · 연결하는 능력이다. 스토리 메이커로서 역할 한다. 결과물의 맥락과 내러티브를 부여하는 감성적 · 문화적 통찰력이 중요하다(Baer et al., 2024).

오케스트라 지휘자 : 창작자는 모든 작업을 직접 수행하기보다, AI · 기술 · 팀을 조율하는 지휘자의 위치로 이동한다.

아이디어 큐레이터 : AI가 제안한 무수한 가능성 중 의미 있는 아이디어를 선별하고, 맥락화하여 방향성을 제시하는 능력이 중요해진다.

스토리 메이커 : 창작자는 산출물에 내러티브와 감성적 맥락을 부여한다. 이는 AI가 스스로 수행하기 어려운, 인간 경험에 기반한 해석적 작업이다.

실제로 출판 분야에서도 AI와 인간은 협업적 편집자로서 역할을 분담한다. 출판사는 AI가 자동 생성한 원고를 그대로 출간하지 않으며, 인간 편집자가 제안된 문장을 맥락에 맞게 수정 · 보완하고 서사의 톤과 독자 경험을 조율한다. 예컨대 하퍼콜린스(HarperCollins)는 AI 학습 데이터 라이선싱과 에디토리얼 단계의 AI 실험을 병행하며 편집 과정에서 AI를 보조 도구로 활용하는 방안을 모색하고 있다. 그러나 최종적인 판단과 작품의 질적 완성은 여전히 인간 편집자가 책임진다. 이는 창작자가 '완성자이자 검증자'로서 작품 수준을 관리하는 역할이 강화되고 있음을 보여준다.

시각 예술은 알고리즘을 활용한 공동 저작으로 예술가는 기술 미학적 중재자로 역할을 한다. 시각 예술 분야에서는 창작자가 AI를 통해 새로운 양식을 탐색하되, 단순히 결과물을 소비하는 데서 멈추지 않는다. 레픽 아나돌의 작업은 데이터 세트를 설계하고 결과물을 설치 예술로 구현하는 과정에서 인간 창작자가 주체적 개입을 한다는 점에서 주목된다. 그는 AI가 만든 패턴을 곧이곧대로 수용하지 않고, "무엇을 보여줄지, 어떤 감각적 경험으로 조직할지"를 기획한다. 이로써 예술가는 기술-미학적 중재자로 활동한다.

교육 분야에서는 AI와의 창의적 학습 촉진자로 역할한다. 교육 현장에서는 AI가 학생에게 학습 자료를 맞춤 제공하는 동시에, 교사는 그 과정을 감독하며 비판적 리터러시와 창의적 응용 능력을 길러준다. 예를 들어, MIT의 스크래치랩(ScratchLab) 프로젝트에서는 학생들이 AI 보조 코드를 이용해 스토리텔링 애니메이션을 만들 때, 교사는 산출물을 함께 검토하며 "왜 이런 결과가 나왔는지", "다른 방식으로는 어떻게 변형할 수 있는지"같이 맥락과 변형 가능성을 토론한다. 이는 교사가 지식 전달자에서 창의 촉진자(facilitator of creativity) 역할을 수행한다.

출판, 시각 예술, 교육에서 나타나는 이러한 변화는 창작자가 더 이상 '최종 결과를 홀로 만들어 내는 사람'에 머물지 않음을 보여준다. 오히려 AI와의 협력 과정에서 창작의 방향을 제시하고, 결과의 의미를 재해석하며, 사회적 맥락을 부여하는 존재로 자리매김한다. 이처럼 창작자의 새로운 역할은 기술 활용 능력뿐 아니라, 비판적 사고, 사회적 감수성, 창의적 기획력에 기반한다.

참고문헌

Baer, M., et al.(2024). Redefining Human Creativity in the AI Era:

Human–AI Collaboration, Impact, and Future Direction. *Academy of Management Proceedings, 2024*(1). https://doi.org/10.5465/AMPROC.2024.11958symposium

Haase, J., & Pokutta, S.(2024). Human–AI co-creativity: Exploring synergies across levels of creative collaboration. arXiv preprint arXiv:2411.12527.

Hosanagar, K., & Ahn, D.(2024). Designing human and generative AI collaboration. arXiv preprint arXiv:2412.14199.

Kehler, T. P., et al.(2025). Amplifying human creativity and problem solving with AI through generative collective intelligence. arXiv preprint arXiv:2505.19167

10
포스트 AI 창의성

AI가 높은 생산성과 혁신을 약속하며 인간 사회 전반에 스며들고 있다. 하지만 기술이 아무리 발전해도 감정, 맥락 이해, 윤리적 판단력 같은 인간 고유의 가치들은 AI가 쉽게 대체할 수 없는 영역이다. 마크 베니오프(Marc Benioff)는 "AI는 인간의 감성과 창의성을 증폭시켜야지 대체해서는 안 된다"고 강조하고 있다. AI 이후의 창의성을 인간 중심으로 재정의하고, 공존을 위한 사회 문화적 비전을 제시한다.

AI와 미래 의사?

AI와 인간 공존: 창의성의 재규정

현대 조직과 창작 현장은 AI를 단순한 도구가 아니라 협력자(partner)로 받아들이고 있다. 구글 랩(Google Labs)의 UX 리더인 첼시 플레밍(Chelsey Fleming)은 “성공적인 AI 전략은 인간 행동과 필요의 이해에서 시작되어야 한다”면서, AI가 사람을 대체하는 것이 아니라 지원하고 재교육하는 역할을 해야 한다고 강조한다. 이는 기술 중심이 아니라 인간 중심의 접근을 촉구하는 발언이다. 동시에 테크레이더(TechRadar)는 기획 기사에서, 프롬프트 기반 생성형 AI를 넘어 목표를 이해하고 도구를 오케스트레이션하며 자율적으로 실행하는 에이전틱(Agentic) AI의 등장을 다뤘다. 이러한 맥락에서 인간은 단순한 지시자가 아니라, AI가 제안한 수많은 가능성을 선별하고 맥락화하는 창의적 의사 결정자의 위치로 이동한다.

전통적으로 ‘창의력’은 인간의 독창적 사고와 산출을 지칭했다. 그러나 AI가 대규모 데이터를 분석하고 예술 · 디자인 · 문학적 패턴을 모방 · 창출하는 시대에는, 창의성의 기준 자체가 변화하고 있다. 단순히 새로운 결과물을 내놓는 것만으로는 충분하지 않다.

세계경제포럼(WEF)은 이에 대해 “AI는 인간 창의성을 대체하는 것이 아니라 증폭시키는 도구로 사용되어야 한다"고 제안한다. 즉, 창의성의 본질은 '독창적 산출'에서 '협업적 가치 창출'로 확장되는 것이다.

가졸리(Gaggioli et al., 2025)가 제시한 확장된 창의성(Extended Creativity) 틀에서의 AI-인간의 협업 관계는 지원(Support)-시너지(Synergy)-공생(Symbiosis)의 3단계로 구분된다.

Support(지원): AI가 '도구'로서 인간의 능력을 증폭하지만, 창작의 주체성과 최종 의사 결정권은 전적으로 인간에게 남아 있는 상태를 말한다. 초안 작성 · 요약 · 아이디어 탐색처럼 속도와 범위를 넓히는 작업에 유용하지만, 항상 인간의 근거 확인과 최종 검수가 뒤따라야 한다.

Synergy(시너지): 인간과 AI가 상보적으로 분업해 결과를 함께 만들어 내는 단계로, AI가 대안을 제시하고 변형을 생성하면 인간이 목표를 설정하고 맥락을 부여해 최종 선택을 내린다. 역할과 책임이 분명할수록 품질이 높아지며, 편향을 걸러내기 위한 교차 검증이 핵심이다.

Symbiosis(공생): 인간과 AI의 인지가 긴밀히 결합돼 하나의 창의 시스템처럼 상호 학습·적응하는 가장 성숙한 단계다. 이때는 혁신적 산출이 가능하지만 책임 소재와 투명성 문제가 커지므로, 설명 가능성(XAI)과 기여 추적 같은 안전장치를 함께 설계해야 한다.

앞으로의 창의성 평가 기준은 단순한 독창성에 머물지 않고, ① 협업 품질, ② 맥락 적합성, ③ 인간 주체성 유지를 포함해야 한다. 예술·디자인·미디어 교육에서도 'AI와의 협업을 통해 얼마만큼 의미 있는 결과를 만들어 내는가'가 새로운 평가 지표로 자리 잡을 것이다.

포스트 AI의 창의성과 인간 중심 디자인

포스트 AI 시대의 창의성은 단순한 기술 혁신을 넘어, 인간 중심의 설계와 협업 문화가 핵심 과제로 자리 잡고 있다. 기술과 인간이 함께 공진화(co-evolution)하는 환경을 조성하기 위해서는 네 가지 축에서 변화가 동시에 이루어져야 한다.

창의성 평가 지표의 혁신이 필요하다. AI 시대에 창의성을 평가하는 방식은 단순히 '새로운가', '유용한가'라는 기존의 이분법적 기준을 넘어 확장되고 있다. 전통적으로 창의성은 새로움(novelty), 유용성(utility), 적절성

(appropriateness)을 중심으로 측정되었으나, 디지털 환경과 AI 창작물이 등장하면서 새로운 지표들이 요구되고 있다.

상호작용성(interactivity)**과 참여성**(participation) : 오늘날 많은 창작물은 관객 · 사용자의 피드백을 반영해 진화하며, 창작 과정 자체가 공동 참여적 성격을 띤다. 따라서 '얼마나 창작자가 다른 주체와 상호작용했는가'가 창의성의 일부로 평가된다.

데이터 활용의 투명성(transparency)**과 윤리성**(ethics)**이 지표로 부상** : AI 창작물은 데이터에 의존하기 때문에, 저작권 문제를 피해갔는지, 공정한 데이터 라이선스를 확보했는지, 편향을 최소화했는지 등이 창의적 성취의 질을 가늠하는 새로운 기준이 된다.

확장 가능성(scalability)**과 영향력**(impact): AI 창작물은 특정 개인의 창작을 넘어 사회 · 문화적 담론에 미치는 파급력으로 평가받는다. 예를 들어, AI가 생성한 예술 작품이 단지 독창적 형식을 제시하는 데 그치지 않고, 교육 · 출판 · 산업 등 다른 영역으로 확장되며 사회적 의미를 창출하는가가 핵심 지표가 된다.

혼성적 창의성(hybrid creativity) : 인간과 기계, 혹은 여러 장르와 매체의 결합을 통해 새로운 의미를 생산하는 능력을 가리킨다. 단일한 독창성보다 협력적 창의성(collaborative creativity)이 점차 더 중요한 평가 지표로 자리 잡고 있다.

이러한 변화는 AI와 인간의 협업이 일상화되는 시대에, 창의성을 더 이상 개인적 천재성의 산물로 한정하지 않고 네트워크적, 집합적, 윤리적 차원에서 재정의해야 함을 시사한다.

창의력 강화 교육의 재편이 필요하다. 21세기 교육의 핵심은 지식의 단순한 전달이 아니라 창의적 문제 해결 능력의 배양이다. 특히 인공지능과 디지털 환경의 확산은 교육 패러다임 전환을 요구하고 있다. 창의력 강화 교육은 이제 '예술적 감수성'을 넘어서, 융합적 사고, 데이터 리터러시, 협력적 창의성을 아우르는 방식으로 개편되고 있다.

문제 중심 학습(PBL: Problem-Based Learning)**에서 도전 중심 학습**(CBL: Challenge-Based Learning)**으로** : 기

존의 문제 중심 학습은 특정 상황에 제시된 문제 해결을 목표로 했다. 그러나 AI 시대에는 이미 알려진 문제보다 미지의 도전을 탐색하고, 새로운 해법을 제시하는 능력이 중요하다. 따라서 교육은 학생들이 스스로 도전 과제를 정의하고, 다양한 자원과 AI를 활용해 실험하며, 결과를 공유하는 순환 구조를 지향한다.

창의성 지표를 반영한 프로젝트 평가 : 창의력 강화 교육 개편에서는 평가 방식도 달라진다. 단순한 결과물보다 과정 평가가 중심이 된다. 예를 들어, ①문제 정의의 독창성, ② 협업과 상호작용 수준 ③데이터 활용의 윤리성 ④사회적 영향력과 확장 가능성, 이 네 가지 항목이 창의성의 새로운 평가 지표로 포함된다.

인공지능과의 협력 능력 교육 : 과거 창의력 교육이 '개인의 독창성'을 강조했다면, 이제는 AI와 협력하여 더 나은 결과를 도출하는 능력을 기르는 것이 중요하다. 학생들은 AI를 단순한 도구로 사용하는 것이 아니라, 아이디어 발상, 자료 분석, 창작 시뮬레이션 등 공동 창작 파트너로 활용하는 법을 배운다.

다학제 융합 프로그램 도입 : 창의성은 단일 전공 안에서 완성되지 않는다. 출판, 미디어, 과학, 예술, 공학 등 이질적인 분야를 넘나들며 새로운 시각을 창출하는 경험이 필요하다. 따라서 교육 현장에서는 STEAM(과학 · 기술 · 공학 · 예술 · 수학) 융합형 프로젝트가 더욱 확대되고 있으며, 학생들은 서로 다른 배경을 가진 동료와 협력해 새로운 지식을 창출한다.

학습자 주도성과 실패의 허용 : 창의적 사고는 '정답 찾기'가 아니라 '새로운 시도'에서 비롯된다. 따라서 교육 개편의 핵심은 실패를 두려워하지 않는 실험적 문화를 조성하는 것이다. 교사는 지식을 가르치는 전달자가 아니라, 학습자의 탐색을 안내하는 멘토와 촉진자 역할을 맡는다.

창의력 강화 교육의 개편은 단순한 교육 방식의 변화가 아니라, 창의성의 개념 자체를 재정의하는 과정이다. 이제 창의성은 개인의 독창성에 국한되지 않고, 협력, 윤리, 사회적 확장성까지 포함하는 다차원적 역량으로 자리매김하고 있다. 따라서 교육은 학생들이 AI와 더불어 창의적 미래를 개척하는 주체로 성장할 수 있도록 지원해야 한다.

법 · 제도적 기반의 정비가 필요하다. AI가 창작에 참여하면서 저작권, 인격권, 보상 체계 문제가 뜨거운 쟁점으로 떠올랐다. 미국과 영국에서는 AI 생성물의 저작권 인정 여부를 둘러싼 소송이 이어지고 있다. 우리나라에서는 한국음악저작권협회(Korea Music Copyright Association; KOMCA)가 AI 활용 창작물 등록 제한 규정을 도입(2025. 3)했고, AI 기본법이 제정(2024. 12, 2026. 1. 22 시행 예정)되는 등 제도 정비가 진행 중이다.

노동 · 조직 문화의 전환이 필요하다. AI 시대의 노동과 조직 문화 전환은 단순 자동화가 아니라, 인간과 AI가 상호 보완적 관계를 형성하는 새로운 직업 세계를 창출하는 과정이다. 새로운 직종은 AI와 인간이 함께 문제를 정의하고 해결하며, 창의적 산출물의 질을 높이는 역할을 담당한다. 조직 문화는 개인 성과 중심에서 협업과 맥락 중심으로 이동하며, 평생학습과 고급 역량 개발이 필수적이다. 따라서 미래 조직은 AI를 도구가 아닌 파트너로 받아들이고, 인간의 판단 · 창의력 · 윤리성을 강화하는 환경을 조성할 때, AI 도입 효과를 극대화할 수 있다.

인공지능의 확산은 기존 노동 시장에 단순 반복적 업무를 자동화하는 것 이상의 영향을 미치고 있다. 특히 창작, 미디어, 금융, 헬스케어, 마케팅 등 지식 기반 산업에서 AI는 새로운 직무를 창출하며, 조직 내 역할 분화와 업무 방식의 전환을 요구한다.

대표적 신직종 사례를 제시하면 다음과 같다.

AI **크리에이티브 전략가**(AI Creative Strategist) : 광고, 미디어, 디자인 산업에서 등장. AI가 제안한 수많은 광고 카피, 디자인, 영상 콘셉트 중에서 브랜드 전략과 메시지에 적합한 옵션을 선별하고, 인간적 맥락과 감성을 반영하여 최종 산출물을 결정한다. 실제로 글로벌 에이전시들은 수백 건의 AI 생성 시안을 전략 기준으로 필터링하고, 인간 크리에이티브가 최종 큐레이션하는 워크플로를 확산하고 있다.

데이터 큐레이터(Data Curator) : AI 학습용 데이터의 수집, 정제, 분류, 라벨링을 담당한다. 데이터의 품질과 편향성을 관리하여 AI 모델의 신뢰성을 확보하는 역할을 한다. 실제로 넷플릭스(Netflix)는 라이브/게임 등 영역에서 콘텐츠 메타데이터 분석·태깅 역할을 담당하는 전문 직무를 운영해 추천·발견성 개선을 지원한다.

AI **윤리·책임 관리자**(AI Ethics Officer / Responsible AI Manager) : AI 의사 결정 과정에서 윤리적 문제, 편향,

개인정보 보호, 법적 규제 준수를 관리한다. 모델 감사, 위험 평가, 정책 설계 등을 담당. 실제로, 글로벌 금융사 HSBC는 데이터 · AI 윤리 원칙과 AI 윤리 위원회를 운영하고, 신용평가 등 금융 영역에서 AI를 도입하면서 편향 · 책임성에 관한 내부 거버넌스를 강화하고 있다.

인간과 AI 협업 설계자(Human-AI Collaboration Designer) : 조직 내에서 AI와 인간의 역할을 재설계하고, 협업 프로세스를 최적화한다. 인간의 창의력과 판단력을 AI의 계산 · 예측 능력과 결합하도록 업무 흐름을 설계한다. 스포츠 제작 현장에서는 윔블던이 IBM과 협력해 하이라이트 영상에 생성 AI 해설을 적용(2023)하고, 2024년에는 AI 생성 스토리/분석 카드를 서비스했으며, 최종 품질 관리는 인간 편집진이 맡는다.

참고문헌

Benioff, M.(2025). Humans must remain at the heart of the AI story. Financial Times.

Crabtree-Ireland, D.(2025, January 21). Labour leaders: Artificial intelligence must serve human creativity, not replace it. World Economic Forum.

Gaggioli, A., et al.(2025). Extended creativity: A conceptual framework for understanding human-AI creative relations (arXiv:2506.10249). arXiv.

Haase, J., & Pokutta, S.(2024). Human-AI co-creativity: Exploring synergies across levels of creative collaboration (arXiv:2411.12527). arXiv

Knight, R.(2025, May 14). AI tech isn't so different from ancient tools, says archaeologist and UX research lead at Google. Business Insider.

Nuttall, K.(2025). AI elephant in the boardroom: Future workforce is here. The Australian(Tech Journal).

Rao, A.(2025, September 8). Beyond automation: The future of intelligent work with agentic AI. TechRadar Pro.

Stanikzai, M. E., & Mittal, E.(2025). Leveraging AI-generated and human-generated content for maximized user engagement in contentpreneurs' innovation and creativity. Journal of Innovation and Entrepreneurship, 14, Article 91. https://doi.org/10.1186/s13731-025-00529-1

김미경

청운대학교 미디어 커뮤니케이션학과 교수다. 2000년 중앙대학교에서 신문방송학 석·박사 학위를 받았다. 2002년 University of North Texas의 Dept. of RTVF에서 리서치 펠로를 마무리했다. 청운대학교 방송영상학과와 미디어 커뮤니케이션학과에서 방송 편성론과 커뮤니케이션 이론, 뉴미디어론, 저널리즘의 이해를 가르친다(2003~현재). 충남미디어발전위원, 충남선거방송토론위원, 지역방송발전위원, 충청언론학회장을 역임하였으며 현재 언론학회 편집위원, 한국여성커뮤니케이션학회장으로 활동하고 있다. 《뉴미디어, 뉴커뮤니케이션》(2014), 《미디어격차》(2018), 《미디어 속 노인, 미디어 밖 노인: 재현, 돌봄, 실천》(2025)외 다수의 공저를 출간하였다. "생성형 인공지능 활용에서 정보신뢰와 지속이용의도간의 관계: 자기효능감과 지각유용성의 매개 역할을 중심으로"(2025), "생성형 인공지능에 대한 수용인식 연구: 가치기반수용모델을 중심으로"(2025), "Impact of Information Quality Perception of Generative AI on Critical Thinking: The Mediating Roles of Recommendation Behavior and Self-Efficay"(2025) 등 다수의 논문을 출간하였다.